勝てる場所を見つけ
勝ち続ける

1分間ブランディング

One-Minute Tips for Branding

石井貴士
Takashi Ishii

ヨシモトブックス

はじめに

One Minute

あなたの価値は、「最初の1分」で決まる

初対面の人に対して、「この人はいい人だ！」と、いきなり好印象を持ったことは、誰にでもあるはずです。

逆に、出会ってすぐに、「この人は、あまり好きではないなぁ」と、悪い印象を持ったこともあるでしょう。

相手のことをほとんど知らないにもかかわらず、人は、出会った瞬間に、相手がいい人なのか、そうではないのかを「ジャッジ」しています。意識的にではなく、無意識のうちに、相手に対しての印象を決めているわけです。

「もっと自分のことを理解してもらって、そのあとに判断を下してほしい」と言いたい気持ちもわかります。

ですが、あなたも、チラっと一瞬テレビに映った女優さんを見ただけで、「タイプだ」「興味がない」と、判断しているはずです。

あなたが、見た瞬間に人をジャッジしているということは、あなたも、ほかの人から出会ってすぐの段階で、ジャッジされているということです。

ならば、ほかの人から、出会ってすぐに「素晴らしい人だ」と思われたほうが得をするはずです。

「第一印象は、7秒で決まる」と言われています。

街を歩いていて、美人とすれ違ったとします。

実際に会って話したことがないので、彼女の内面や性格についてはわかりませんが、それでも、第一印象が良ければ、「素敵な女性だな」と感じるはずです。

でも、第一印象が良かったからといって、彼女が自分にとって「価値の高い女性」になりうるとはかぎりません。

なぜなら、「そのあとの1分間のブランディング」によって、あなたにとっての彼女のポジショニングが確定するからです。

「美人だなぁ。あんな美人を彼女にしたいなぁ」とあなたが思っても、その後の1分の間に、「あの女性は既婚者で、ある会社の社長夫人である」ことがわかったら、恋人になる可能性が一瞬で消え去るでしょう（あなたにとっての彼女の価値が下がる）。

一方で、「彼女は、先週、彼氏と別れたばかりである」ことがわかったら、「自分にもチャンスがあるはずだ！」と、一気に、恋人になる可能性が高くなります（あなたにとっての彼女の価値が上がる）。

ということは、**第一印象の7秒だけではなく、その後の1分間のブランディングの内容によって、あなたにとっての相手の価値は変わる**ということです。

人は、自分にとっての相手の価値を、2ステップで決めています。

・ステップ①　出会って7秒の第一印象
・ステップ②　その後、1分間のブランディング

この2ステップで、相手の印象を確定しているのです。

ブランディングとは「出会って1分で、脳内ポジショニングを確定させる」ことだ

ブランディングとは、何かと言うと、

「出会って1分で、脳内ポジショニングを確定させること」です。

最初の7秒は、ただの第一印象です。

その後の1分間のブランディングで、あなたにとっての相手の価値が確定します。

あなたが、第一印象で「素敵だな」と思ったバッグが、その後の1分間で、「ルイ・ヴィトン」のバッグだとわかったら、「私は、見る目があるな」と嬉しく思うはずです。

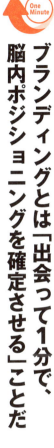

反対に、「そのバッグ、昨日、公園のごみ捨て場に落ちていたものだよ」と指摘されたら、がっかりするでしょう。

モノ（人）の価値は、第一印象だけで決まるのではなく、その後のブランディングによって決まるのです。

以前、友人に誘われて、パーティーに参加したときのことです。

パーティー会場に、よれよれのシャツを着た男性がいました。会場にいるほとんどの人がおしゃれをしているのに、その男性だけは、普段着のままだったのです。

私は、「あの人は場違いな感じがする。パーティーの主催者は、どうしてあのような人を招待したのだろう？」と不思議に思っていました。

すると、1分もしないうちに、5人の美人軍団が到着しました。

彼女たちは、到着するとすぐに、よれよれの男性のところに駆け寄って、「わーい！〇〇さんだあ！　会えてよかったです！」と、はしゃぎはじめました。

「え？　どういうこと？　モテるようには見えないのに！」と、私は完全に混乱しました。

その場にいた人に、

「あの男性は、どなたですか？」

と聞いたところ、次のような答えが返ってきました。

「え？　知らないんですか？

彼は、アニメ関係の会社を経営していて、年商30億円の会社の社長ですよ。

性格も良くて、芸能関係にも人脈は広いですし、今日ここに来ている人の多くは、あの人と友達になりたいと思っているんじゃないですか？」

彼の素性を知ったことで、私の中の彼に対するポジショニングは、「よれよれの服を着た男性」から、「年商30億円で、人脈が広い人格者」に変わりました。

最初の7秒の印象は最悪だったにもかかわらず、**その後の1分間のブランディングで、印象が大逆転した**のです。

One Minute

7秒の第一印象よりも、1分のブランディングであなたの価値は確定する

ブランディングは、最初の7秒の印象よりも、その後の1分の「状況説明」によって、決まってくるものです。

次のような有名な話があります。

電車の車内を見渡すと、座席の上でバンバン飛び跳ねたりしながら、騒いでいる男の子がいました。誰がどう見ても迷惑なくらい、暴れていました。彼の隣にいる父親は、子どもが騒いでいるのに、注意をしようとしません。

同じ車両に乗り合わせた人たちは、「親はどうして注意しないんだ！　どういう教育をしているんだ。けしからん！」と思っていたようでした。

そこで、「俺が文句を言ってやる！」と、正義感の強い男性が、立ち上がりました。

「親なのになんで注意しないんだ！　みんなが迷惑しているのがわからないのか！」

「私も、なんと注意していいのか、わからないんです。たった今、病院で、妻が、息を引き取ったところです。私も子どもも、どうしていいか、わからないんです……」

と、父親は涙を流しはじめました。父親の話が終わると、乗客の視線は一変します。全員が注意をした男性のほうを睨《にら》みつけたのです。


「しつけがされていない男の子」→「母親を失ったばかりのかわいそうな男の子」

「しつけをしないひどい父親」→「妻を失って憔悴《しょうすい》している夫」

「正義感の強い、勇気ある男性」→「かわいそうな親子を痛めつける、ひどい男性」

と、(乗客の脳内で)3人の評価が激変したのです。

One Minute

最初の1分間を制する者が、ブランディングを制する

もちろん、第一印象は良いに越したことはありません。

洋服もきちんと着こなしたほうがいいですし、お化粧もきちんとしていたほうが、好感を持たれます。けれど、**第一印象よりも、その後の1分間で「相手にどう思われるか?」のほうがはるかに大切**です。

「相手にどう思われるか?」とは、「相手の脳の中で、自分がどこにポジショニングされるか?」ということです。

「年収1億円の人です」という情報は、ただ単に、数字上の情報でしかありません。

「年収1億円で、お金に汚い人です」と言われたら、ブランディングは下がります。

「年収1億円で、盲導犬ボランティアサークルのリーダーなんです」と言われたら、ブランディングは上がります。

年収1億円という基本的なデータは同じだとしても、そのあとの説明によって、印象は変わってくるのです。

2008年の冬のことです。友人が鍋パーティーをするというので、お邪魔しました。すると、そこに、なんとなく「やる気がなさそう」に見える若い男性がいました。

「今、何をやっているの？」

と私が聞いたところ、彼は、

「28歳で、フリーターです。今はほとんど働いていません。先週までカンボジアにバックパックで旅行に行っていて、最近、戻ってきたところです。あと数年は、働きたくないですね」

と言いました。

「おいおい。ダメじゃないか。ちゃんと働けよ！」

と、私はすぐさま、彼をたしなめました。

すると、彼と私の共通の友人が、

「ちょ、ちょっと石井さん！　こっちに来てください！」

と私を呼び、キッチンで話をすることになりました。

「石井さん、じつはあの人、今日いる中では、一番の大金持ちなんですよ。10億円以上の資産を持っていると言われています。

もともと大学時代に株のデイトレードをはじめたら、あまりにも運用成績がいいので、証券会社にスカウトされたという経歴です。年金の運用まで任されて、毎年500億円くらいを動かしていたトップトレーダーです。

しかもすごいことには、『今年、このあと、大暴落が来そうな気がする。だから、全部、株は売る！　トレーダーとしても引退する！』と言って、運用している株も、自分が個人的に持っている株も、全部売ってしまったんです。

そうしたら、3ヵ月後にリーマンショックがあって、本当に、大暴落が起きたんです。彼のカンが働かなければ、500億円の年金が吹っ飛んでいたと言われるくらいの、伝説のトレーダーなんですよ」

友人の説明を聞いたことで、「28歳でフリーター。働く気ゼロ」から、「資産10億円以上。伝説のトレーダー」へと、彼に対する評価が変わりました（私の脳内で、彼のポジションが変わりました）。

大切なのは、第一印象よりも、その後の1分間の説明です。

この1分間の説明で、ブランディングが確定します。

あなたが、相手の脳内で良いポジションを押さえることができれば（良い評価をもらうことができれば）、あなたは相手にとって「忘れられない人」になることができるのです。

One Minute

ブランディングができれば、あなたも生まれ変わる

今、あなたは周囲から、「ダメな人だ」と思われているかもしれません。

ですが、それはブランディングが失敗しているだけです。

逆に言えば、ブランディングがうまくいけば、あなたは周囲から「一目置かれる存在」になれるはずです。

気になっている女性から、「興味がない」と思われているとしたら、あなたは、相手

の女性から「興味がない男性」というカテゴリーに、脳内でポジショニングをされているということです。

ならば、「興味がある男性」というカテゴリーに入れるように、再ブランディングすればいいのです。

上司から「仕事ができない部下だ」と思われているとしたら、それは、上司から「仕事ができない部下」というカテゴリーにポジショニングがされているということです。「上司の脳内における、あなたのポジショニングが悪い」のですから、「仕事ができる部下だ」と思ってもらえるように再ブランディングすれば、頼りにされるはずです。

あなたの人生がうまくいっていないと感じているとしたら、それはあなたが「相手の脳内で、良いポジションを取れていない」ことが原因ではないでしょうか。

世間から「素晴らしい人だ。あなたのような人になりたいです」と思われるように再ブランディングをすれば、あなたは生まれ変わることができます。

1分間でブランディングをする。

ただそれだけで、あなたの人生は、劇的に変わります。

あなたはこの「1分間ブランディング」で、人生をガラリと素晴らしいものに変えていくことができるのです。

自分の価値を高めたいなら、他人と差別化された強みを磨いて、「○○○と言ったら、あなただ」「○○○なら、あなたにかなう人はいない」と言われるようになることです。

そのために、まず、「自分が、どのような人物になりたいのか」「まわりから、どのような評価を得たいのか」「自分のすべきことは何か」という**「ミッション」を明確にする。そして、ミッションを実現するために、本気になって取り組むこと**です。

それができれば、周囲の評価は確実に変わっていきます。

本書では「最初の1分間」で相手に好印象を残す方法や、相手の脳内ポジションを変える方法（悪いポジションから良いポジションに再ブランディングする方法）を紹介します。

これからの時代は、個人もブランディングで勝負する時代なのです。

One-Minute Tips for Branding

1分間ブランディング 目次

はじめに　2

第1章 「ブランド」とは何か？

01 ブランドとは、ひとつのことに特化して、ほかのことを捨てることだ 26

02 余計なものを捨てなければ、ブランドは作れない 30

03 ブランドは、「1対1対応」が基本 34

04 「シリーズ化」によって、一発屋はブランドに変わる 40

第2章 ブランドを作る5つのメリット

01 メリット①
同じ商品でも、高値で売れる 46

02 メリット②
発言の内容を聞いてもらいやすくなる 50

03 メリット③
「価格設定」が自由にできる 56

04 メリット④
まわりに誰がいようと、ライバルをごぼう抜きにできる 60

05 メリット⑤
広告費をかけなくても、ものが売れるようになる 68

第3章

ブランドを貫くための「ミッション策定法」

01 「ミッション」(使命)がなければ、ブランドは作れない 76
02 ミッションには、「個人ミッション」と「会社ミッション」がある 80
03 ミッションとは、「自分の命をかけてでも、達成したいもの」のことだ 84
04 過去に心が動いた出来事の中に個人ミッションのヒントがある 88
05 個人ミッションを会社の「社名」にする 96

第4章

自分の価値を高める「セルフブランディング法」

01 自分のブランドは、自分で作る 102

02 誰もいない空地を見つけて、旗を立てる 106

03 ダブルスキルで、オンリーワンになる 110

04 ライバルが横にいても負けないのが、ブランドだ 116

第5章

無名でもブレイクできる「ブレイクブランディング法」

01 一発屋になるのを恐れずに、「一発当てる」ことを目指す 122

02 ブレイクするかどうかは、「テストマーケティング」でわかる 128

03 「○○の田中さん」と言われるようになると、ブレイクしやすい 136

04 ブレイクするには、「一点突破、全面展開」で考える 138

05 ブレイクが落ち着くまではほかのことをしてはいけない 142

第6章

長期的な成功を築くための「ブランディング法」

01 どうすれば、ヒットを連続させることができるのか？ 150

02 シリーズ化をすれば、「逆の時系列のウェーブ」が作れる 154

03 「シリーズ化」を前提にアイデアを考える 160

04 短期的には、コンセプトを重視 長期的には、個人名を重視 164

05 アピールポイントは、コンセプト⬇シリーズ化⬇個人名の順番で変える 170

第7章

ブランド人の第一歩を踏み出すための「名刺作成術」

01 ブランド作りの第一歩は、「名刺」を手に入れること 176

02 2つ折りや、チラシつきの名刺は作らない 180

03 名刺に「ロゴマーク」を入れるとブランドのエッセンスを視覚化できる 184

おわりに 188

第1章

「ブランド」とは何か？

One-Minute Tips for Branding

01

ブランドとは、ひとつのことに特化して、ほかのことを捨てることだ

「何をやるのかを決めるのは簡単だ。何をやらないかを決めるのが難しい」

（マイケル・デル／デル社の創業者）

という言葉があります。

ブランドに関しても、同じことが言えます。

「ブランドとは、ひとつのことに特化し、ほかを捨てることだ」と。

「何をしているのか？」も大切ですが、「ほかのことをしていない」（ひとつのことしかしていない）と思われたほうが、ブランドの価値は上がります。

多くの人は、「自分のブランドを築くためには、何が足りないんだろう？」と考えています。

けれど、この考え方は、間違っています。

「足りない」のではなく、多すぎるのです。

ひとつのブランドを築くということは、ひとつを除いて、ほかのことを削っていくということです。

トイレメーカーとして知られるＴＯＴＯは、トイレ（水回り）に絞って、商品を提供しています。

仮に「ＴＯＴＯが焼肉屋をはじめる」ということになれば、ブランドがブレてしまいます。

エルメスが「牛丼業界に進出する」となれば、「バッグも、低価格になるのかな」と思われてしまいます。

ブランド価値を上げるということは、何かを加えていく作業ではなく、余計なものを削っていく作業なのです。

One Minute

ほかのことに手を出さないことで、ブランドは確立される

アインシュタインは、「物理学者」でした。

仮に数学を専攻していたとしても、ある程度は一流になれたはずですし、相対性理論を発見したのですから、宇宙学者になってもよかったはずです。

アインシュタインほどの天才だったら、焼肉屋の経営もできたかもしれませんし、ブティックのオーナーにもなれたかもしれません。

ですが、アインシュタインは、「ほかのことに手を出さなかった」からこそ、物理学者としてのポジションを確定させることができた、とも考えられます。

イチロー選手は、野球選手として成功しています。

彼ほどの身体能力があれば、マラソンランナーとしても同時に成功できそうですが、

マラソンには手を出さず、野球だけに専念しています。

一流のプロスポーツ選手は、「専門分野以外のことは手を出さない」からこそ、成功できているわけです。


エジソンも、発明家として歴史に名を刻んでいます。

彼ほどの頭脳があれば、居酒屋を経営してもアメリカでトップになれたかもしれませんが、彼は発明家であり続けました。


天才とは、自分の専門分野に特化して、ほかのことをしなかった人のことです。

川端康成は小説家でしたが、同時に「小説家以外の仕事をしなかった人」です。

司馬遼太郎は歴史小説家でしたが、同時に「歴史小説以外は手を出さなかった人」でもあるわけです。

あなたは今、いろいろなことに手を出そうとしていませんか。

ひとつのことに特化して、ほかのことを捨てた人が、ブランドを手に入れることができるのです。

02
余計なものを捨てなければ、ブランドは作れない

あなたが成功したいと思ったら、

・ステップ①　すでに成功している人を見つける
・ステップ②　その人の真似をする

という2ステップが、最短距離です。

ブランドに関しても、同じです。

・ステップ①　すでにブランドになっている人（会社・商品）を見つける

のが、最短であなたがブランドを手に入れる方法です。

・ステップ②　その人（会社・商品）の真似をする

そのとき、「どのブランドを真似するか」によって、あなたの方向性（ブランドのイメージや価値）が決まります。

TOTOのようなブランドを作りたいのか、エルメスのようなブランドを作りたいのかで、行き着くゴール（確立させたいブランド）は変わります。

ブランドは、ひとつのブランドにしかなれません。つまり、ひとつのイメージしか持つことができないということです。したがって、真似るべきブランドは、ひとつに絞るべきです。

「エルメスと、グッチと、シャネルのいいとこどり」をすると、中途半端になってしまいます。

「キリスト教と、イスラム教と、仏教のいいとこどりをした宗教」を作ることはできません。

「ビールと、コーラと、ウーロン茶が好き」と言って、全部混ぜたところで、ブランドにはなりません。

「これだけで行くぞ」と貫《つらぬ》いているのが、ブランドです。貫くということは、ほかのすべてを捨てることです。

ブランドは、加えることではなく、捨てていくことです。

徹底的にそぎ落として、残ったものが、ブランドになるのです。

One Minute

ひとつのことに特化して、ほかのことを削っていく

◎ 自分の専門分野に特化する

✕ いろいろなことに手を出す

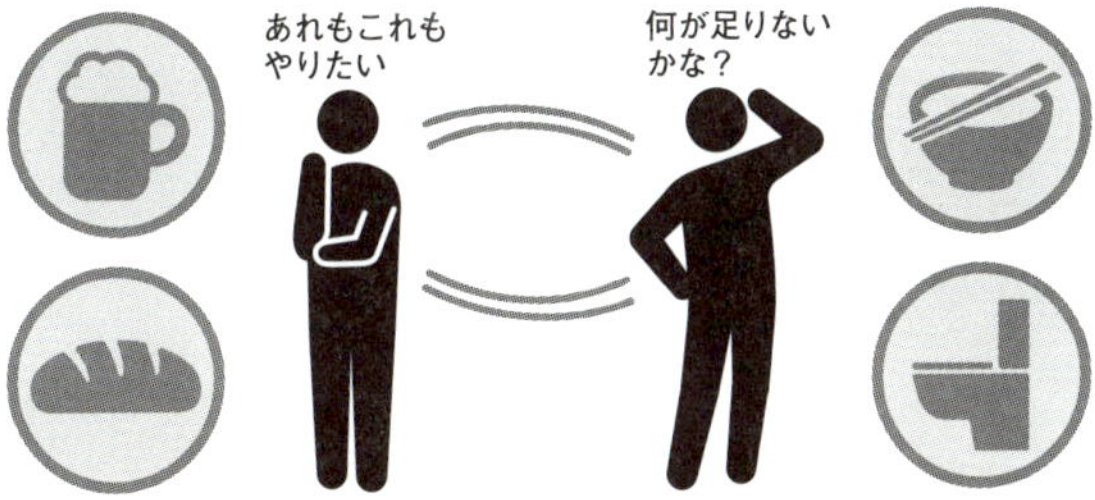

ブランドは、加えることではなく、捨てていくこと

03

ブランドは、「1対1対応」が基本

ブランドは、1対1対応です。「Dog」と言われたら、「犬」のことを指します。「Cat」は、「猫」です。

「こう言われたら、こう答える」という、脳の中で1対1対応が生まれるのが、ブランドです。

「今でしょ！」と言われたら、「林修先生」
「林修先生」と言われたら、「今でしょ！」
「ゲッツ！」と言われたら、「ダンディ坂野」

「ダンディ坂野」と言われたら、「ゲッツ！」です。

芸能界には、「一発屋」と呼ばれるタレント（芸人）がいます。

「一発屋は良くない」と批判的な視聴者もいますが、一発屋に対して、「良い」「悪い」という視点でとらえるのは間違っています。

一発屋というのは、「自分＝〇〇」という1対1対応ブランドで勝負して、短期間でメジャーになることができた人のことです。

最初は一発屋と思われたとしても、貫き続けることで、ブランドに変わることもあるのです。

人気者になりたいのなら、まずは「一発屋」を目指せ

一発当てることは、良いことです。

一発屋が批判されるのは、ヒットが「続かない」からですが、一発当てたことと、そ

のあとに継続できるかどうかは、また別の問題です。

前述した東進ハイスクールの講師、林修先生は、「いつやるか、今でしょ！」というフレーズで一躍有名になりましたが、林先生のように、一発屋では終わらず、その後も人気が継続している人もいます。

成功を確定させるために必要なのは、次の2ステップです。

・ステップ①　一発当てること
・ステップ②　一発当たったあとに継続させること

あなたが無名であれば、**まずは一発屋を目指し、一発屋になったあとで、成功を継続させるというフェーズに行けばいい**のです。

One Minute

まずは一発屋を目指し、その成功を継続させること

ステップ① 一発当てること

1対1対応で
勝負だ!
HIT!

ステップ② 一発当たったあとに継続させること

その後に!
続ける!
続ける!

One Minute

ブランディングができている人が、情報化社会を制す

情報化社会では、とにかく、めまぐるしく情報が飛び込んできます。

情報を見た瞬間に、次の情報が飛び込んできます。

「はい、次！　はい、次！」とわんこそばのように、情報が飛び込んできている状況の中で、「私は○○大学○○学部卒業です。仕事は、こういったことと、ああいったことをしていて、趣味は読書とサイクリングと登山です」と伝えたところで、相手の印象に残るのは難しい。

「この人はどういう人なのかなあ」と、**1分以上考えてくれる、優しい相手はいません。**

「ごちゃごちゃ言われても、なんだかよくわからない。ただでさえ忙しくて、それどころではないのだから、この人のことは忘れよう」と思われてしまうだけです。

とくに、芸能界では、次々に新しい人材が発掘されています。

かわいいアイドルが出てきたと思ったら、またすぐに違うアイドルが登場したり、「大勢いて、もう、覚えていられない」と思っている視聴者も多いでしょう。

芸人さんの世界も、面白い芸人さんがあらわれては、またすぐに新しい芸人さんが登場しています。

たくさんいる芸人さんの中で、「自分の存在を一発で覚えてもらう」ためには、「**○○といえば、○○さんだ」と、1対1対応でブランディングをする**必要があります。

たとえば、アンジャッシュの渡部建さんは、グルメリポーターとして認知されたことで、「グルメといえば、渡部さん」と、1対1対応で覚えられるようになりました。

渡部さんは、「面白い芸人さんのひとり」から、「グルメの渡部」と認識されるようになったことで、ブランディングに成功したのです。

「○○と言えば、あなた」と覚えられた時点で、「ブランディングに成功した」と言えるのです。

04 「シリーズ化」によって、一発屋はブランドに変わる

一発屋でヒットしたあとに、**人気を継続させるための必勝法は、「シリーズ化」**です。

森一郎先生は、『試験にでる英単語』（通称『でる単』、関西では『シケタン』／青春出版社）という単語帳で、大ヒットを飛ばしました。

その後、すかさず、『試験にでる英熟語』『試験にでる英文法』『試験にでる英文解釈』というシリーズを出したことで、ロングセラーを継続させました。

現在は、累計で1500万部。

「いつやるか、今でしょ！」でブレイクした林修先生も、『林先生が驚く初耳学』など、自分の名前を冠にした「林修の◯◯」をシリーズ化することで、人気を継続させています。

ロールプレイングゲームの『ドラゴンクエスト』も、1作目がヒットしたことで、『ドラゴンクエストⅡ』『ドラゴンクエストⅢ』……と、シリーズ化を図っています。『トルネコの大冒険』『ドラゴンクエストモンスターズ』といったスピンオフ作品（関連作品）までシリーズ化されています。

同じロールプレイングゲームである『ファイナルファンタジー』も、シリーズ化されて、世界的なヒット作になっています。

一発屋で終わった人とは、「一発当てたことまでは良かったけれども、シリーズ化ができなかった人」のことです。

一発屋で終わらなかった人とは、「一発当てたあと、シリーズ化をして人気を継続させた人」のことなのです。

One Minute

シリーズ化の条件は、ブランドを確立させること

漫才コンビのナイツは、「インターネットのヤホーで調べてたんですけど」というギャグ（漫才）でブレイクしました。

そのあとに続く「○○って知ってます？」の「○○」のところだけを変えて、シリーズ化をしています。

「インターネットのヤホーで調べてたんですけど、東京オリンピックって、知ってます？」や「巨人って、知ってます？」と続けることで、多くのネタができて、ヒットが継続しています。

「ゲッツ」というギャグを持つダンディ坂野さんは、一発屋だと思われていますが、そうではありません。

「ゲッツ&ターン　お久しブリーフ」「ゲッツと見せかけてのキャッツ」というふうに、

ゲッツをシリーズ化することで、芸能界で生き残っています。また、「おしょうゲッツ」というギャグがあるので、お正月になると、テレビ番組に呼ばれています。

テレビドラマの『HERO』もシリーズになっていますし、『相棒』もシリーズになっています。『HERO』であれば、木村拓哉さんが演じる久利生《くりう》公平という検事が、事件の真相を解決するというパターンは同じですが、事件の設定を変えることで、シリーズ化に成功しています。

『相棒』では、杉下右京役の水谷豊さんは変わりませんが、相棒役が変わることでシリーズ化ができています。

シリーズ展開をしてヒットを継続させるためにも、あなたはブランディングを確定させていく必要があります。

あなたはまず、一発屋を目指し、1対1対応で大ブレイクするブランドを作ってください。そして、ヒットを飛ばしたあとに、シリーズ化戦略を考えればいいのです（シリーズ化については、第6章で詳しく解説します）。

第2章

ブランドを作る5つのメリット

One-Minute Tips for Branding

One-Minute Tips for Branding

01

メリット① 同じ商品でも、高値で売れる

消費者の中には、

・ブランド品………高くてもしかたがない。値引きも期待できない
・ノンブランド品……できるだけ安く買いたい。値引きしてほしい

と考えている人が多いです。

八百屋さんで大根を買うときに「ちょっとまけて！」と言いたくなるのは、その大根にブランドがないからです。

もし、有名ブランドの大根があったとしたら、「値引きをしてくれ」とは言わずに、高くても買うはずです。

ブランドがないものは値引き競争に巻き込まれますが、**ブランドがあるものは、同じ商品でも、高値をつけることができます**。

①エルメスのロゴが付いて、エルメスの正規販売店で売られているバッグ
②エルメスのバッグと同じ品質だが、エルメスのロゴは付いていなくて、誰が作ったのか、わからないバッグ

この2つが「同じ価格」で売っていたら、「前者のバッグを買いたい」と思うはずです。

まったく同じ商品だったとしても、ブランドがあれば高値で売れて、ブランドがなければ見向きもされなくなります。

ブランドがあるというだけで、高い価値を与えることができるのです。

ブランドがあれば、高値でもお客様は集まる

セミナーや講演会でも、講師のブランドによって、集客力が変わります。

ベストセラー作家が講師を務めるセミナーなら、受講料が10万円、20万円と高額でも、受講生は集まります。

反対に、本を書いていないセミナー講師（あるいは、本を出してはいるものの、あまり売れていない講師）は、ベストセラーを出している講師に比べると、集客が難しくなります。

①本を書いていない講師の「5000円」のセミナー
②ベストセラーを出している講師の「5万円」のセミナー

この2つを比べた場合、内容がほとんど変わらないとしたら、ベストセラーを書いている講師のほうが、価格は高くても、お客様は集まりやすい。

なぜなら、本を書いていないセミナー講師より、ベストセラーを出しているセミナー講師のほうが、本の実績がある分、信頼性が高い（ブランドがある）からです。

スターバックスコーヒーで飲むコーヒーにお金を払うことはできても、あなたの母親が「家でいれたコーヒー」にお金を払う気にはなれないはずです。

母親から「コーヒーをいれてあげたのだから、お金を払いなさい」と言われたら、「嫌だ」と思うでしょう。母親には、コーヒーショップとしてのブランドが確立されていないからです。

ブランドを構築できれば、価格競争とは無縁の世界に行けます。

ブランドがあるものにお金を払い、ブランドがないものにお金を払いたくないと、人は思うものなのです。

02

One-Minute Tips for Branding

メリット②
発言の内容を聞いてもらいやすくなる

メジャーリーガーのイチロー選手が、シーズン終了後のインタビューで、次のような発言をしていたことがありました。

「僕が大リーグに来てわかったこと。

それは、『ボール球には手を出さないほうがいい』

っていうことだったんです。

以前は、ボール球でも自分の技術があればヒットが打てると思っていました。

ですが、ボール球には手を出さずに、ストライクだけに手を出せば、ヒットが増え

るということに気づいたんです」

試合に出られない2軍の選手が、「ボール球には手を出さないほうがいい」と発言しているのだとしたら、「何を当たり前のことを言っているんだ」と感じます。

ところが、イチロー選手が「ボール球には手を出さないほうがいい」と言うと、「そうか。ボール球に手を出さないことが大切なんだ。素晴らしい話を聞いた」と腑《ふ》に落ちます。発言の内容は同じでも、聞く側の印象が変わるのは、イチロー選手のほうが、2軍の選手よりも、ブランドがあるからなのです。

One Minute

大切なのは「何を言う」かではなく、「誰が言う」か

成績が悪く、いつもテストで0点しか取ったことがない同級生から、「勉強は復習が大切だよ」と言われても、価値がない情報だと感じるでしょう。

ですが、現役で東大に受かった先輩から、「復習は大切だよ」と言われたら、「そうか。復習をしたほうがいいんだな」と価値ある情報として受け取ることができます。

同じことを言ったとしても、話し手に「ブランドがある」のか「ブランドがない」のかによって、聞く側が受け取る価値は変わります。

「ブランドがある」ということは、同じことを言っても、価値が生まれるということなのです。

One Minute

「勝ってから、モノを言う」

私はかつてアナウンサーをしていましたが、新人時代に、先輩に対して、「こうしたほうがいいと思います」と進言をしたことがありました。すると、先輩に、

「おい、石井。勝ってから、モノを言え！」

と叱られたことがあります。

新人アナウンサーは、アナウンサーとしての実力はありません。

「自分の意見を言っている暇があったら、黙って努力をして、実力を蓄《たくわ》えろ」というわけです。

「新人なんだから、実力がないのは当たり前じゃないか。そんなこと言われたら、何も発言できなくなってしまう」と当時は思いましたが、今考えてみれば、当たり前の話です。勝っていない人の言葉は、まったく説得力を持たないからです。

実績がなければ、あなたの意見がどれだけ優れていようとも、誰からも聞いてもらえません。

反対に、ブランドがあれば、あなたの意見は、多くの人からありがたく聞いてもらえるようになるでしょう。

「2軍選手が語る、ヒットを打つ方法」は、知りたくありません。
「イチロー選手が語る、ヒットを打つ方法」であれば、知りたいと思います。
「年収300万円の私が語る、お金持ちになる方法」に耳を傾ける人はいません。
「年収1億円の私が語る、お金持ちになる方法」であれば、知りたいと思われます。

ブランドを手に入れるためには、まず、「勝っている状態を作ること」が、第一の条件なのです。

One Minute

「何を言うか」ではなく「誰が言うか」が大切

勝っている人の言葉には説得力がある

One-Minute Tips for Branding

03

メリット③「価格設定」が自由にできる

エルメスが350万円で「バーキン」というバッグを売るのは、エルメスの自由です。シャネルが「J12（ジェイ・トゥエルブ）」という時計を50万円以上の価格で売るのも、シャネルの自由です。

ブランドになれば、自由に価格設定ができるようになります。

アップル製品は、ブランド力があるので、価格を自由に設定できます。「iPhone」より安いスマートフォンがあったとしても、「iPhone」がほしい人は、価格が高くても、「iPhone」を買います。

ブランド力がないと、同業他社の価格を基準に、価格設定をしなければいけなくなります。商品が同じであれば、値段で比較されてしまうからです。

クリアファイルが必要だと思ったときに、3円のクリアファイルと、30円のクリアファイルがあったら、3円のものを買うはずです。

ところが、エルメスやシャネルのクリアファイルであれば、100円でも買う人はあらわれます。

ブランドを築いてしまえば、好きなときに、好きなものを、好きな価格で売れるようになるのです。

One Minute

ブランド化できれば、値引き競争にさらされない

消費者の「安くしてほしい」という声にとらわれなくて済むのが、ブランドです。

エルメスのショップに行って、「高いので、安くしてくれませんか？」と値切るお客

様はいません。

「高くて当然だ」「価格は高いけれど、それに見合った価値がある」と思う人が、エルメスの顧客になります。

もしエルメスが値引きに応じたら、どうなるでしょう。

「このエルメスのバッグを1000円にまけてあげますよ」と言われたら、お客様は、「本物ではないな。模造品（イミテーション）だな」と疑うはずです。

高いものを高いと感じさせずに、眉ひとつ動かさずに販売するのが、ブランドです。

「他社は、似たような商品を5万円で売っていますが、当社は20万円で販売しています。もし安いものがほしいのであれば、他社へ行ってください」という強気の態度でもビジネスが成り立つのが、ブランドの強みなのです。

One Minute

ブランドは、世間の声に左右されない

「製品開発に主婦の声を取り入れよう」と考える会社がありますが、「ブランド構築」という観点で考えた場合、こうしたマーケティングは、たいてい、成功しません。

主婦の声だけを取り入れたら、「安いほうがいい」という意見が多数派になる可能性があり、「値段は高くても、本当に価値のあるものがほしい」という意見を切り捨てることになります。

「ゴッホが描いたひまわりの絵を、1億円でほしいです」というリサーチ結果は、主婦の声からは、絶対に出ません。

ブランドは、「高くてもいいから、価値があるものがいいと思ってくれる人だけを相手にする」ことで、確立されます。

「誰がなんと言おうと、価値がある。だから高く売る。この商品の価値がわからないお客様もいるかもしれないが、そういうお客様には買っていただかなくてもいい」という信念を持つことで、強いブランドができ上がります。

他人に左右されず、自分の信念を貫く姿勢が、ブランドを築きます。

人の意見に関係なく、絶対的な価値を提供するのが、ブランドなのです。

04

メリット④ まわりに誰がいようと、ライバルをごぼう抜きにできる

あなたが占い師になり、「10分／1000円」の鑑定料で占いをはじめたとします。「10分／1000円ならそれほど高い金額ではないので、お客様が来るはず」と思うかもしれません。

ですが、人気スピリチュアル・カウンセラーの江原啓之さんがあなたの横にブースを出して、「占いをします。鑑定料は10分／5万円です」と看板を掲げたら、どうなるでしょう？

5万円は高額ですが、それでも多くの人が、江原さんのほうに並ぶはずです。

ブランドがあるということは、**「同業者の横に並んだとき、こちらが高値だったとしても、勝てる」**ということです。

占い師としてのブランドを作るということは、右に江原啓之さんのブース、左に細木数子さんのブースがあったとしても、「勝てる」（たくさんのお客様が集まる）状況を作ることです。


あなたが野球教室を開催しようとしたとして、右に「イチローの野球教室」、左に「ダルビッシュのベースボールスクール」があったとして、勝てるかどうか。

勝てるならば「野球教室」を開いてもいいと思いますが、「勝てない」ならば、この分野には参入しないほうがいいでしょう。

ブランドで負けているからです。

ブランドを作るというのは、右にエルメス、左にシャネルのお店があったとしても、あなたのお店にお客様が来るということなのです。

ひとつのことに本気にならないと、ブランドは作れない

ひとつのことに本気になっている会社が、「ブランド会社」になります。

ひとつのことに本気に取り組んでいる人が、「ブランド人」になります。

ラーメンだけを本気で展開している会社は、ラーメン店としてのブランドを手に入れることができます。

発明だけを本気でしている人は、いつか発明家としてのブランドを手に入れることができます。

私は個人的に、「冷やし中華はじめました」というラーメン店にブランドを感じません。「夏だからって、冷やし中華を出すなんて、お客様に迎合しているな。ラーメン店としてのポリシーがないのかな」と思ってしまいます。

One Minute

ひとつのことだけに本気で取り組む

自分の強みだけに特化することが、ブランドを作る

チャーハンもラーメンもメニューにない「餃子専門店」や、ラーメンや餃子がない「チャーハン専門店」は、ブランドを感じさせます。

「自分の得意分野に特化する潔《いさぎよ》さ」を感じるからです。

「本気で餃子を極めようとしているな」「本気でチャーハンだけで勝負しているんだな」とお客様に思われたら、口コミが起きます。本気であるということ（自分の強みだけに特化すること）が、ブランドを作っていくことなのです。

本業に集中している人だけが、多くの人から信用される

私は、サラリーマンが「副業」をすることに懐疑《かいぎ》的です。なぜなら、副業をしている人の中には、「本業をおろそかにしている人」がいないともかぎらないからです。

もし、本業をおろそかにしてまで副業に力を入れているとしたら、それは、会社へ

の裏切り行為ではないでしょうか。

私は以前、アナウンサーとして長野県の地方局で会社勤めをしていましたが、当然、アナウンサーは副業禁止でした。

仮に、現役のテレビ局のアナウンサーが、副業で個人的に結婚式の司会をして、週末に5万円、10万円と受け取るようになったら、本業の給料を超えてしまうかもしれません。

また、「週末は会社には出社しません。結婚式の司会があるので」というアナウンサーがいたら、本業に差し支えてしまいます。

「局アナ」は、局の仕事しかしないから、局アナというブランドを築けるわけです。

公務員も、副業禁止です。

朝から晩まで「公共の利益」について考えることで、お金をいただける職業だからです。

税金から給料が支払われていながら、家に帰ってきて副業をして、週末も副業をしてお金を稼いでいたら、公務員としての約束を破っていることになります。
公務員は、副業をしないことがわかっているから、信用されるわけです。

本業に集中している人だけが、ブランドを手に入れます。
副業をしているサラリーマンは、お金と引き換えに、信用を失う危険性があります。
ブランドは、信用です。
副業をするということは、ブランドを捨てるということなのです。

本業に集中する人が信用(＝ブランド)を得る

本業に集中している

本業をおろそかにしている

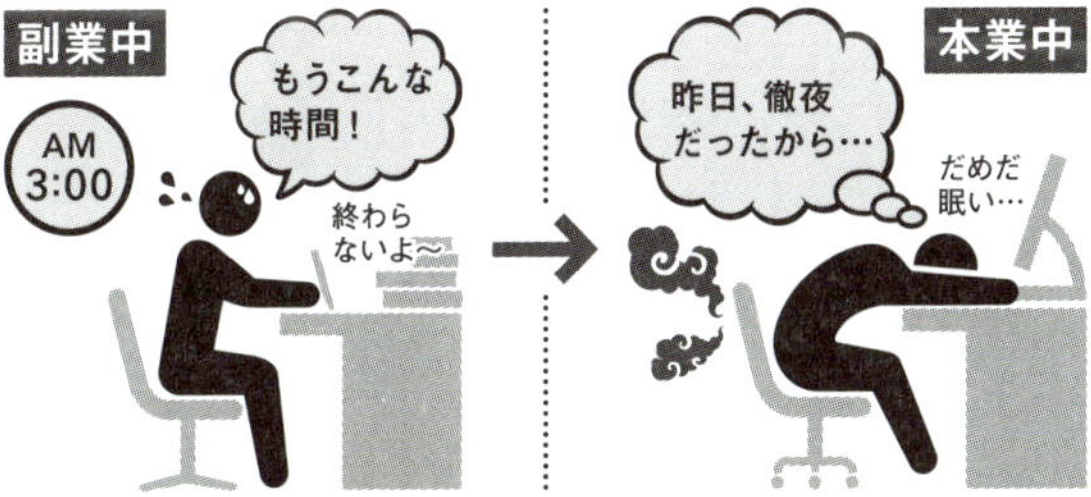

副業をすることは、ブランドを捨てること

05

メリット⑤ 広告費をかけなくても、ものが売れるようになる

スターバックスコーヒーは、テレビCMを放映していません。

「え？　あれだけ有名なのに？」と思うかもしれませんが、よく思い返してみると、スターバックスコーヒーのテレビCMを、見たことはないはずです。

その代わり、スターバックスコーヒーでは、「ロゴマーク付きの看板」を目立つように配置しています。

お店の前を通るたびに、緑色の丸いロゴマークを目にするので、スターバックスコ

ーヒーの認知度を広めることができる。こうしてブランド化に成功しています。

「ブランディングのためには、広告を出さなければならない。ブランドを浸透させるために、お金をつぎ込む必要がある」と決めつけている人がいますが、そんなことはありません。

スターバックスコーヒーのように、広告を出さずにブランド化に成功している会社がある以上、**広告を出すというのは、ブランド化において絶対条件ではない**のです。

One Minute

ZARA（ザラ）は、広告を打たない

広告宣伝費ゼロで有名なのは、洋服ブランドのZARAです。

ZARAは、基本的に広告を打ちませんが、それでも、集客に成功しています。

テレビCMどころか、チラシの配布もしていません。

ＺＡＲＡという名前の会社があるのではなく、ＩＮＤＩＴＥＸ（インディテックス）というスペインの会社が、ＺＡＲＡというブランドを運営しています。

ＺＡＲＡでは、「毎週のように店内の商品が変わることで、店舗そのものが広告になる」という発想を持っています。

１週間で商品をリニューアルすることもあるため、テレビＣＭやチラシの制作が追い付かなくなってしまうというのが、理由のひとつです。

一般的なお店であれば、広告を見たお客様がショップに訪れます。ですが、ＺＡＲＡの場合は、「毎週のように変わる店内」を見るために、お客様がやって来ます。

店舗そのものが、お客様の関心を引く広告の役割を果たしているのです。

店舗が広告になれば、その広告を見るために、お客様のほうから足を運んでくるようになります。

「ＺＡＲＡの商品が知りたければ、お店に行くしかない」という状態を作ることで、広告費がほぼゼロでも集客できるのです。

One Minute

企業理念をメッセージとして発信し、企業のブランドを高める

ＴＨＥ ＢＯＤＹ ＳＨＯＰ（ザ・ボディショップ）は、１９７６年にイギリスで誕生した会社です。

ＴＨＥ ＢＯＤＹ ＳＨＯＰも広告を打っていません。

一方で、「化粧品の動物実験反対」といったメッセージ（企業としての理念）を発信することで、ブランドを構築しています。このメッセージに共感する消費者が商品を購入するため、結果的に、「化粧品の動物実験反対」というメッセージが広告の役割を果たすようになり、集客に貢献しています。

化粧品メーカーの多くは、女優やモデルを起用して、「この化粧品は素晴らしいですよ」と商品を訴求します。

けれど、THE BODY SHOPは違います。「我々は、世界中の貧しい地域から天然原料を買って、彼らの生活向上を支援しています」というコミュニティ・フェアトレードという概念を発信しています。

こうしたメッセージを配信することで、企業のブランド価値を高め、「この会社が販売しているものだったら安心して買える」ことを世間に伝えています。広告ではなく、メッセージを配信することで、お金を使わずにブランドを構築しているわけです。

これからは、ブランドがある企業は広告費がゼロになり、ブランドがない企業は広告費に巨額を投じる「二極化の時代」が訪れます。

広告にかける費用があるのなら、将来的に広告費をゼロにしていくというブランド戦略のために費用を投じるようになってきているのです。

ブランドの究極の目標は、広告費をゼロにすることだ

One Minute

ブランドを作る究極の目標は、

「テレビCMを打たなくてもお客様が集まるようになる」

ことです。

カルビーの「かっぱえびせん」は、「やめられない、とまらない、かっぱえびせん」というテレビCMで有名になりましたが、現在では、このテレビCMを見ることはありません。

なぜなら、テレビCMを放映しなくても、「かっぱえびせん」が認知されているからです。

また、明治の「それにつけても、おやつはカール」というテレビCMは、もう長く放映されていません。

多くの消費者が「カールは、おいしいお菓子である」ことを知っていて、信頼しているからです。

ブランドができ上がれば、広告費がゼロになっても、お客様を集めたり、商品の購入に結びつけることができるのです。

第3章

ブランドを貫くための「ミッション策定法」

One-Minute Tips for Branding

01 「ミッション」（使命）がなければ、ブランドは作れない

ミッションとは、「使命」という意味です。
使命とは、「何が何でも貫くぞ」という「強い志《こころざし》」のことです。
ミッションは、別名「ミッション・ステートメント」とも言います。

・ミッション（ミッション・ステートメント）＝使命＝強い志

ミッションがある個人、ミッションがある会社はブランドになりますが、ミッショ

ンがなければ、ブランドにはなりません。

ミッションの話では、ソニーの「設立趣意書」が有名です。

設立趣意書は、1946年（昭和21年）1月、ソニーの創業者のひとり、井深大《いぶかまさる》さんが起草したものです。

たとえば「会社設立の目的」として、次のような項目が明文化されています（ソニーのホームページより一部抜粋）。

一、真面目なる技術者の技能を、最高度に発揮せしむべき自由闊達《かったつ》にして愉快なる理想工場の建設

一、日本再建、文化向上に対する技術面、生産面よりの活発なる活動

一、戦時中、各方面に非常に進歩したる技術の国民生活内への即事応用

一、諸大学、研究所等の研究成果のうち、最も国民生活に応用価値を有する優秀なるものの迅速なる製品、商品化

一、無線通信機類の日常生活への浸透化、並びに家庭電化の促進

一、戦災通信網の復旧作業に対する積極的参加、並びに必要なる技術の提供
一、新時代にふさわしき優秀ラヂオセットの製作・普及、並びにラヂオサービスの徹底化
一、国民科学知識の実際的啓蒙活動

この設立趣意書は、「こういう会社で行くぞ」というソニーのミッションであり、このミッションのおかげで、賛同する技術者が集まってきたのです。

One Minute

ミッションがなければ、ブランドとして認知されない

ミッションがある会社には、働きたいという人が集まります。
そして、お客様も、ミッションがある会社に集まります。
「世の中を幸せにするために、このビジネスをしています。何が何でも、絶対にお客

様を幸せにします」というミッションを持っている会社だったら、働きたいという人も、お客様も集まってくるでしょう。

しかし、ミッションを持たず、「儲かればいいんだ。儲かれば！」と利益だけを追い求める会社には、社員も、お客様も、集まってきません。

お客様は、その会社のミッションに共感を覚えます。

ミッションがあって、初めてブランドが生まれるのです。

02

One-Minute Tips for Branding

ミッションには、「個人ミッション」と「会社ミッション」がある

ミッションには、**「個人ミッション」**と**「会社ミッション」**があります。

「個人ミッション」というのは、あなたがひとりの人間として、「私はこれをするために生まれてきました」という生きる目的です。

「会社ミッション」というのは、「我々の会社は、これをするために運営されている会社です」という会社の理念です。

個人も会社も、目的があるからこそ、存在価値が生まれます。

あなたがこの世に生まれてきた意味は、何でしょうか。

「嫌いな上司にこびへつらうために生まれてきました」という人はいません。

「毎日、『嫌だ、嫌だ』と言うために、生まれてきた」という人もいないはずです。

「あなたがこの世に生まれてきた意味は、何なのか」を突き詰めて考えると、個人ミッションが見つかるようになります。

そして、個人ミッションを、もっと世に広めるために必要な器が、会社という組織です。

あなたが会社を作り、社長として経営の舵《かじ》を取るようにすれば、あなたの個人ミッションは、より達成されやすくなります。

- ステップ① 個人ミッションを策定する
- ステップ② あなたを社長とした、会社のミッションを策定する

この2ステップで、ミッションは完成するのです。

One Minute

個人では収まりきらない夢があるのなら、自分で会社を作ればいい

会社の社長にならないほうが、個人ミッションが達成しやすい場合もあります。

個人として発表の場がある場合は、個人ミッションだけでも大丈夫です。

あなたが芸能人やミュージシャンであれば、そのままひとりの芸術家として、表現が可能です。

小説家はわざわざ会社を持たなくても、個人ミッションを実現できます。

芸術家も、個人ミッションだけで作品作りが可能です。

ですが、あなたが芸能人でもアーチストでもないのであれば、通常は会社組織を作らないと、個人ミッションを達成するのは困難です。

というのも、**夢を実現するには、会社組織を持ったほうが、より大きなことができるから**です。

ひとりでは不可能なことも、3人ならできるかもしれませんし、100人なら、もっと実現の可能性は高まります。

従業員2人の会社を作って、従業員1000人の会社に仕事を依頼すれば、より大きなことを実現できるでしょう。

シャネルという会社ができたのも、創業者であるココ・シャネルが「なぜ、女性は窮屈《きゅうくつ》な洋服ばかりを着なければいけないのか。古い価値観にとらわれず、新しいものを広めたい」というミッションを持ったからです。

彼女は、シャネルという会社を作ることにより、彼女の思いを世界中に広げることに成功しました。

個人のミッションを文章化して、会社を作って社長になれば、あなたの夢は世界へと羽ばたくこともできるのです。

03

One-Minute Tips for Branding

ミッションとは、「自分の命をかけてでも、達成したいもの」のことだ

ミッションとは、小さいことをするために作るのではなく、**大きいことをするために作るもの**です。

父親が「毎週日曜日に子どもと遊ぶ」と決めることは、ミッションではなく、父親としての心がけを文章化したに過ぎません。

「家族から反対されてでもやりたい、大きなこと」がミッションです。

「自分の命をかけて、人生のすべてを捧げてでも達成したいこと」がミッションです。

あなたがミッションを掲げた瞬間に、あなたのまわりに大勢の人があらわれます。逆に言えば、あなたのまわりに賛同者があらわれないのは、そもそもあなたにミッションがないことが理由です。

ミッションを掲げれば、広告費をかけて宣伝をしなくても、共感する人が、まわりに集まってくるのです。

One Minute

「制約と誓約」をして、ひとつのことを貫く

「個人ミッションが大切なんですね。わかりました。では、今すぐに個人ミッションを作ります」と言う人がいます。

個人ミッションは、今後の人生の方向性にかかわる問題ですので、今すぐに策定できるほど、簡単なものではありません。

一言一句、何度も復唱して、しっくりくるものでなければ、ミッションと呼べるものはできません。

私自身、個人ミッションの策定には、8ヵ月という時間がかかっています。

「ああでもない、こうでもない」と何度も考えて、個人ミッションがやっと決まりました。

個人ミッションを決めるということは、「ミッション以外のことはできなくなる」ということでもあります。個人ミッションは、それほど重いものです。

「命をかけて、ひとつのことを貫く」と決めるわけですから、「ほかのことができなくなる」ということと、イコールです。

もしあなたが、「お年寄りを健康にする」というミッションを立てたのなら、「若い人」を健康にすることに気を取られてはいけません。

お年寄りに対しても、あなたがすることは、「健康にすること」であり、それ以外のことをするために時間を割いてはいけません。

「貫く」とは、そういうことです。

『HUNTER×HUNTER（ハンター×ハンター）』（集英社）という漫画の登場人物たちは、「念《ねん》」と呼ばれる能力を使います。

この「念」の威力を向上させるのが、「制約《せいやく》と誓約《せいやく》」と呼ばれるルールです。特定の条件を自ら誓い、それを守ることで、本来以上の力を発揮できるようになります。

『HUNTER×HUNTER』に登場するクラピカというキャラクターは、自分よりも格上である敵（幻影旅団といいます）と戦う際、「幻影旅団と戦うときしか、この能力は使わない」と「制約と誓約」をしたことで、最強の能力を手に入れました。

このクラピカと同じように、私たちがミッションを策定するときは、**「制約と誓約」をすることによって（ミッションで決めたこと以外はやらないと決めることによって）、自分の能力や、やる気を高めることができる**のです。

One-Minute Tips for Branding

04

過去に心が動いた出来事の中に個人ミッションのヒントがある

個人ミッションを作るということは、「私はこれだけをやって生きていきます。これ以外はやりません」と宣言することです。

日本にキリスト教を最初に伝えたフランシスコ・ザビエルは、「私はキリスト教を布教することだけをしていきます。それ以外のことはしません」と語ったそうですが、彼のように「これ以外はしない」と宣言できる伝道師の信念は強いです。

彼が、危険を顧《かえり》みず、船に乗って日本までやって来たのは、ミッションを作ったことで、「これだけをやって生きていく」という強い覚悟を持てたからです。「私は、キリスト教の布教活動しかしません」というミッションが、彼にパワーを与えたのです。

私、石井貴士の個人ミッションは、

「ひとりでも多くの人の、人生を変える」

です。

この一文に至るまでに、8ヵ月の試行錯誤がありました。

最初に思いついたミッションは、「人を勇気づける」というフレーズでした。

ですが、「これまで、石井貴士は人を勇気づけるために生きてきたのだろうか？　今後もそのために生きていくのだろうか？」と考えたとき、少し違う気がしました。

そこで、**今までの人生で、「心が動いたトップ3の出来事」**を考えました。

「ほかの人はいざ知らず、自分の場合はこの出来事で心が大きく動いたぞ」という3つの出来事を考えてみると、その中に、あなただけのミッションの「ヒント」が存在します。私の場合は、

・出来事①

高校2年生のとき、カリスマ先生に出会い、英語の偏差値が30→70になった。

「勉強ができない自分」から、「勉強ができる自分」に変わった。

・出来事②

成績上位だったのに、大学に落ちて浪人。その後、勝負強くなるための方法を研究して、慶應義塾大学に合格した。

「勝負弱い自分」から、「勝負強い自分」に変わった。

・出来事③

「人と話すのが苦手」という状態から、アナウンサーを目指して、アナウンサーに内定した。

「人と話すのが苦手な自分」から、「人前に出ても平気な自分」に変わった。

私の人生に起きた出来事の中で、この3つが、「心が動いたトップ3の出来事」でした。この3つの共通点を探したところ、私は、**「ダメな自分」から、「成功した自分」**

に変われた瞬間に心が動き、感動していることがわかったのです。

考えてみれば、慶應大学に受かったあとの大学生活もそれなりに楽しいとは思いましたが、「大学に合格した瞬間」に勝《まさ》る感動はありませんでした。

アナウンサーとしてテレビに出たり、ラジオ番組を持ったときも充実感を覚えましたが、「アナウンサーに内定したときの感動」のほうが、心を動かされました。

アナウンサーになりたかった自分は確実に存在したのですが、実際に番組を持つようになったとき、「アナウンサーとして活躍したい自分」もいなければ、「アナウンサーとして上達したい自分」もいなかったことに気づいてしまったのです。

私は、「成功」から「より大きな成功」を手にすることよりも、「失敗」から、「成功」するまでのストーリーに感動を覚えるタイプでした。

1000万円の貯金が1億円に増えることよりも、1000万円の借金から、プラス1000万円の貯金ができることに感動することがわかりました。

そこで、「ダメな人を成功者にする」ことをミッションにするか、それとも、「どん底の人に希望を与える」ことをミッションにするのかを試行錯誤したのですが、その結果「私が感動するポイントは『人生が変わった瞬間』である」ことを確信しました。

次に、「ひとりの人に対してだけ人生を変えればいいのか」、「多くの人の人生を変えればいいのか」と考えたのですが、アナウンサーとして、「マス（大多数）」と向き合っていた経験があったことから、「ひとりでも多くの人の人生を変えたいと思っていたんだ」と気づきました。

そして、最終結論として、「ひとりでも多くの人の、人生を変える」という一言一句削りようのない個人ミッションができ上がりました。私としては、この個人ミッションは、自分にとってパーフェクトだと自負しています。

このミッションが２００２年12月にできたことで、石井貴士の人生に、迷いはなくなったのです。

One Minute

個人ミッションが決まると、行動が変わる

ミッションを決めたら、ミッション以外のことに気を取られてはいけません。

アナウンサーを辞めたときは、「ゼロからスタートしてビッグになるぞ。億万長者になるぞ」と思っていました。

ですが、「ひとりでも多くの人の人生を変える」というミッションが決まってからは、「人の人生を変えることならばやるけれども、それ以外ならば手を出さない」という行動指針が決まりました。

ミッション策定前の私は、「これをやったら、儲かるかもしれない」ということに手を出そうとしていたのですが、今は違います。「これをしても、相手の人生は変わらないな」と思うことは、一切しなくなりました。

「本を書く」というのは、読んだ方の人生が変わるので、石井貴士がやるべきことです。

セミナー講師も、直接受講者に会って、人生を変えることができるので、石井貴士がやるべきことです。

「儲かりそうな商品を探して、代理店として販売する」というのは、石井貴士がやるべきことではありません。

「飲食店を開業して、料理を振る舞う」というのも、石井貴士がやるべきことではありません。私には、料理で人の人生を変えることができないからです。

個人ミッションが決まると、その日以降の行動が変わります。

ミッションに照らし合わせて、行動するかどうかを決めるようになるからです。

One Minute

個人ミッションを作るヒント

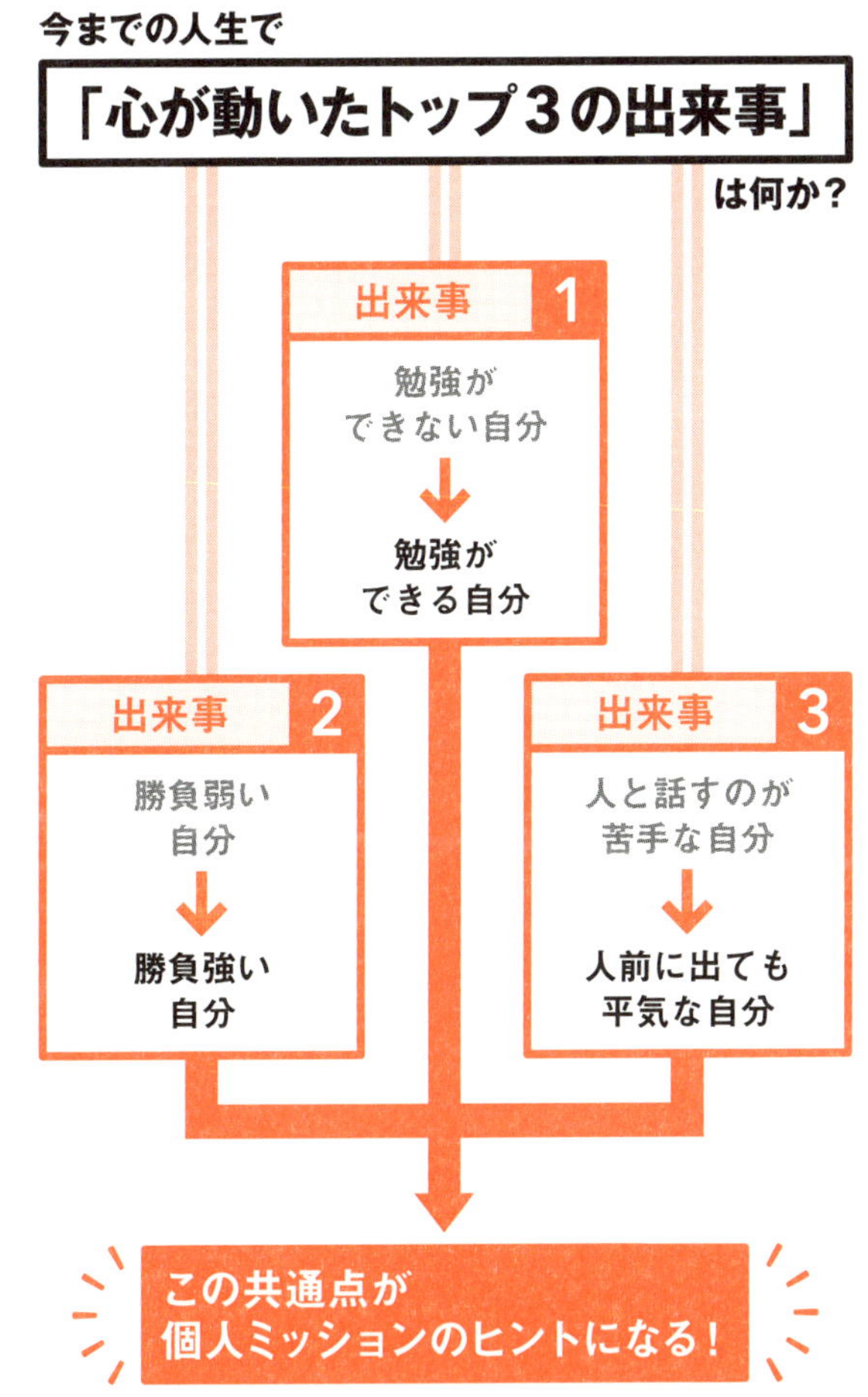
今までの人生で
「心が動いたトップ3の出来事」
は何か？
出来事 1
勉強ができない自分
勉強ができる自分
出来事 2
勝負弱い自分
勝負強い自分
出来事 3
人と話すのが苦手な自分
人前に出ても平気な自分
この共通点が個人ミッションのヒントになる！

05 個人ミッションを会社の「社名」にする

「ひとりでも多くの人の、人生を変える」ためには、石井貴士個人では限界があります。

そのため、会社形式にする必要がありました。会社を設立したほうが、事業を広げていきやすいからです。

事業内容はもちろん、「ひとりでも多くの人の人生を変えるための事業」です。

その際に、会社の名前は、

「ココロ・シンデレラ」

としました（当時は有限会社でしたが、現在は株式会社に変更）。ココロは「内面」のことであり、シンデレラには「生まれ変わる」という意味を込めました。

会社の名前を、とくに何も考えずにつけている人がいます。「石井サービス」でも、「石井企画」でも、「石井プロジェクト」でもよかったのですが、それだと、「もったいない」と思いました。

社名は、ことあるごとに名乗る必要が出てくるわけですから、**会社のミッションを伝えるチャンスでもある**わけです。

初対面の方から、「ココロ・シンデレラって、変わった社名ですね。どのように思いついたんですか？」と聞かれることも多いのですが、「こういう意味が込められているんです」とお伝えすることで、話題作りにもつながります。

個人ミッションを社名に投影することで、あなたのミッションも、より多くの人に伝えやすくなるのです。

One Minute

個人ミッションをお客様に提供するために、会社のミッションを作る

「ココロ・シンデレラ」の会社のミッションは、

「一夜にして人生が変わる魔法の情報・ツールを提供する」

です。

このミッションを作ったことで、「ひとりでも多くの人の人生を変える」という個人ミッションが、さらに高い使命（目的）へと変わりました。

そして、「一夜にして人生が変わるような情報やツールであれば提供するけれども、それ以外のものは提供しない会社」ができ上がりました。

そこで、開催するセミナーも「1泊2日」の合宿形式を中心に展開しました。

「一夜にして」なので、「1泊2日」にしたわけです（最近は、2泊3日の合宿セミナーも増えてきましたが、基本は1泊2日です）。

「1冊1分」で本が読めるようになるための合宿も開催していますが、「一夜にして1冊1分で本が読めるようになりたい。そして、人生を変えたい」というお客様ばかりが、参加されます。

このセミナーは、一般的な速読教室とは違って、「本を速く読む」ためだけにセミナーに参加するという人は少ないです。

「人生を変える」ことが目的であり、読書はそのための手段だと考えるため、「本が速く読めればそれでいい。人生を変えたいとは思わない」という方は集まりません。「人生を変えたいです。1冊1分になれば、人生が変わると思いました」という受講者ばかりがいらっしゃいます。

個人ミッションと会社ミッションを策定した瞬間に、ビジネスモデルもでき上がり、ミッションに共感したお客様ばかりが集まるようになったのです。

第4章

自分の価値を高める「セルフブランディング法」

One-Minute Tips for Branding

One-Minute Tips for Branding

01

自分のブランドは、自分で作る

ブランドを作るために、最初に必要なのは、「個人ミッション」です。

そのためには、自分と向き合う作業をしなければなりません。ブランドのヒントは、誰かから与えられるものではなく、あなたの内面に隠されているものだからです。

セルフブランド（自分のブランド）を作ることは、あなたの内側から、自分自身で黄金を掘り当てるという作業にほかなりません。

では、どうすれば、黄金を掘り当てることができるのでしょうか。

自分自身のブランドを作ろうと思ったときに、「私の強みは何だろうか？　ほかの人に負けていない部分（1位になれる部分）は何だろう？」と考える人がいます。けれど、この考え方は、間違っています。

自分の中から、1位になれる部分を探すのではありません。

1位になるのではなく、「1位を作る」作業が、ブランディングという作業なのです。

1位になるのではなく、「1位を作る」

クラスで一番の美人で、学年で一番の美人で、学校で一番の美人だったとしても、街で一番の美人、日本で一番の美人になれるかというと、そうとはかぎりません。「1位になろう」と思って1位を目指したとしても、上には上がいます。

たとえあなたが競争に勝って1位になれたとしても、翌年は、さらにすごい人が出てくる可能性もあります。

私は、「自分の過去」をさかのぼってブランディングのヒントを見つけましたが、それは、「1位になった経験」を見つけたかったからではなく、「感動した瞬間」を見つけたかったからです。

過去を振り返り、「1位になった経験」を探しても、個人ミッションは見つかりません。

そうではなく、**「今の実力のまま、どこに行けば1位になれるのだろうか」**ということを、探り当てるわけです。

作家の中谷彰宏先生は、「成功とは、上昇ではなく、移動である」と述べていますが、「トップに立てる場所を探し、そこに移動する」のが、ブランディングをするということです。

競争を勝ち抜いてトップに立つのではなく、「ここには誰もいないぞ」というところを見つけて、そこに旗を立てることで、ブランディングは完成するのです。

トップに立てる場所を見つけて、移動する

One Minute

似たようなが船がたくさんいる

自分のと
似た船だ
新しい船が
来たな

ほかの船がいない

ここなら
自分だけだ！
この場所が
ベストだ！

1位になるのではなく、
「1位」を作るのがブランディング

02 誰もいない空地を見つけて、旗を立てる

私はアナウンサーとして入社した初日に、「アナウンサーを辞めよう」と決意しました。「自分がどれほど頑張っても、この人には、一生勝てない」と思えるほど、優秀な先輩に出会ってしまったからです。

私は、自分がアナウンサーになったことで、「人と話すのが苦手でも、努力すればアナウンサーになれる」ことを身をもって証明しました。

しかし、プロのアナウンサーの世界で1位になれるかというと、それは無理だと感じました。

「しゃべりのプロ」のトップクラスは、私がどれほど努力をしても届かないところにいました。

「甘いことを言うな。プロになったんだから、勝つために努力するべきだ」というお叱りを受けるかもしれません。

ですが、「古舘伊知郎さんに努力して勝てるのか？　明石家さんまさんに努力して勝てるのか？」と言われたら、おそらくあなたも「無理に決まっている」と思うのではないでしょうか。

私は、入社初日に、「アナウンサー以外の何か」にならなければ、人生で勝つことはできないとわかってしまったのです。

結局、私が見つけた空き地は、「元アナウンサーの作家」というポジションでした。

多くのアナウンサーは、テレビ局のアナウンサーを辞めたあと、フリーアナウンサーになります。ということは、私がフリーアナウンサーになっても、差別化を図ることが難しくなってしまいます。

「元アナウンサー」という肩書きを持っている人は、ほかにもいます。ですが、「アナウンサーを辞めて作家をしています」という人は、ビジネス書の作家の中で、誰もいませんでした。「ここだ！」と思って**「空き地」に飛び込んだら、旗を立てている人は誰もいなかったのです。**

「元アナウンサーの作家」は、作家デビュー14年が経過した今でも、私しかいないので、石井貴士が「元アナウンサーの作家」というポジションを確立させることができたのです。

One Minute

ブランディングで大切なのは、「勝つ」ことではなく、「負けない」こと

アナウンサー時代から、「将来は、作家になりたい」と思っていた私は、出版社の編集者にアドバイスをいただこうと、上京したことがありました。

そのときに、編集者から言われたのが、次の言葉です。

「石井さんはアナウンサーといっても、地方局のアナウンサーなので、本を出しにくいです。

というのも、石井さんが書いた本の横に、日本テレビやフジテレビのアナウンサーの本が置かれたら、肩書きとして負けてしまうからです。

キー局のアナウンサーにも負けない肩書きになっていただかないと、本は出せないんです」

そこで初めて、私はブランディングの大切さに気づきました。

当時の私は「アナウンサーはブランドである」と思っていたのですが、アナウンサーというだけでは、ブランドとは呼べなかったのです。

自分が「負けないブランド」を築いていないと、自分の本を出していただいた出版社にも、損をさせてしまうことになります。

大切なのは、勝つことよりも、「どうすれば負けないか」を考えることです。

負けなければ、いつかは勝つことができます。今はブレイクしないとしても、5年後、10年後、20年後には勝つことができるのです。

03

One-Minute Tips for Branding

ダブルスキルで、オンリーワンになる

1位を作るためには、「ダブルスキル」というやり方が効果的です。

ロールプレイングゲームの『ドラゴンクエスト』をプレイしたことがある人ならわかると思いますが、戦士としてレベル20まで上げて、魔法使いとしてもレベル20まで上げてからダーマの神殿というところに行くと、「魔法戦士」という職業（魔法使いであり、戦士でもある職業）に就くことができます。

僧侶＋魔法使いならば「賢者」、武闘家＋戦士ならば、「バトルマスター」という職業になれます。

2つのスキルが一定までできるようになると、**「上級職」になれる**というわけです。

弊社の顧問弁護士をしてくださっている田中裕幸先生は、東大法学部在学中に、公認会計士の資格を取得して、卒業後に弁護士の資格を取得しました。「公認会計士と、弁護士」という2つのスキルを持っているわけです。

公認会計士は難関資格ですし、司法試験も合格するのが大変ですから、「公認会計士＋弁護士」というダブルスキルを持つ人は、なかなかいません。

田中裕幸先生は、ダブルスキルによって、「公認会計士＋弁護士」というセルフブランディングができています。「真似をしろ！」と言われても、難しいでしょう。

「アナウンサー＋作家」という私のポジションも、「しゃべりのプロと、文書を書くプロ」というダブルスキルなので、参入障壁を築けています。このポジションに入ってくるのは、なかなか難しいからです。

もちろん最初から、「アナウンサー＋作家」で行きたいとは思っていたのですが、1

冊も書いていない段階では、作家を名乗ることはできませんでした。

そこで私が考えたのが、「日本メンタルヘルス協会」というところで、「心理カウンセラー」の資格を取ることでした。

心理カウンセラーは、いわば「聞くプロ」です。人の心の声を聞き、受け止め、そしてサポートをします。

一方、アナウンサーは「しゃべるプロ」です。

私は、「聞く」と「しゃべる」の両方で高いスキルを持つ人は少ないと考えました。

調べてみても、「アナウンサー＋心理カウンセラー」というポジションの人は存在しなかったので、**「ダブルスキルを手に入れる」ところからスタート**したのです。

私のデビュー作は、『オキテ破りの就職活動』（実業之日本社）という就職本でした。

作家デビューにあたって、「ほかにはない肩書き」をつけようと思いました。

「就職コンサルタント」「面接コンサルタント」「内定コンサルタント」という肩書きの人はすでにいましたので、まったく別の切り口でなければ、1位になることはできません。そこで考えたのが「就職心理カウンセラー」という肩書きでした。

就職コンサルタントの中で、心理カウンセラーの資格を持つ人はいなかったので、「就職心理カウンセラー」を名乗れば、石井貴士がトップになれると考えたわけです。

その後、心理カウンセラーや心理学者の方が就職本に参入してきましたが、肩書きとして「就職心理カウンセラー」を名乗っている人は私しかいなかったため、トップの状態が続いたのです。


2作目は、『何もしないで月50万円！　幸せにプチリタイヤする方法』（ゴマブックス）でした。このときの肩書きは、「プチリタイヤ・プロデューサー」です。

ビジネスのコンサルタントはたくさんいますが、「プチリタイヤ・プロデューサー」は私しかいないので、石井貴士がトップになれます。

トップになるために、自分でネーミングを考えたのです。

One Minute

シンボル・アナリスト（S・A）になれば、オンリーワンになれる

『SAシンボル・アナリストの時代』（竹村健一・著　祥伝社）という本があります。

シンボル・アナリストとは、竹村健一先生が日本に紹介した言葉です。

未知の問題を発見し解決できる人、新しい価値を創造して大企業に売り込める人のことですが、確かに自分でネーミングを作ってしまって、商標登録をすれば、大手企業もその分野に参入できず、自分がトップに立てます。

個人が大手企業に勝つためには、シンボル・アナリストになるのが一番です。

勝手に空地を見つけて、「ここは私の土地ですよ」と旗を立てて宣言するというのが、私が思うシンボル・アナリストです。

誰もやっていない肩書きを作って、自分で名乗ってしまえば、トップに立つことができるわけです。

私は、「プチリタイヤ」というネーミングを考えて、商標登録をしました。

これにより、大手のライバルも参入できなくなりましたので、永遠に「プチリタイヤ」という部門では石井貴士がオンリーワンでい続けることができます。

1冊1分で本を読む「ワンミニッツリーディング」というネーミングも、商標登録をしましたので、石井貴士がオンリーワンです。

大手のライバルが参入してきても、**新しいネーミングを作って、商標登録をしておけば、あなたは負けることがなくなります**。

すでに飽和している市場でライバルと戦うのではなく、新しい市場を作って、そこを独占してしまえば、あなたも成功できるのです。

One-Minute Tips for Branding

04 ライバルが横にいても負けないのが、ブランドだ

「シャネル」の横に「グッチ」のお店があっても、シャネルは負けませんし、グッチも負けません。

仮に、あなたがマッサージ店をオープンしたとき、その横に「てもみん」などの大手マッサージチェーンが出店してきても負けないのが、ブランドを作るということです。

「ライバル店が近くに出店してきて、お客様を奪われた」と嘆く経営者もいますが、私は、むしろ、チャンスだと思います。なぜなら、ライバル店が近くに出店してきたこ

とで、「お客様そのものが増える」可能性があるからです。

台湾では、占いのお店は一箇所に何百店舗も集まっていますし、マッサージ店も同じところに100店舗以上がひしめいています。

「占い街」「マッサージ街」といったように、同業種が同じエリアに集まることで、お客様が増えていきます。その結果、競争が生まれたり、相乗効果が期待できるようになって、街全体がお客様で賑わうことになるわけです。


本（出版）の世界も、横にはライバル本が置かれます。

おそらく、本書の横にも、「ブランディング」に関する本が並べてあったはずです。

そのような状況（ライバルがひしめき合う状況）で、「どうしたら手に取っていただけるのか」を考えるのがブランディングです。

ブランディングについて書かれている本の中で、タイトルに「1分間」とついているのは、この本だけだったはずです。

「1分間シリーズ」として、シリーズ展開しているブランディングの本もないはずです。元アナウンサーが語っているブランディングの本も、ないはずです。

オンリーワンのポジションを確立できれば、横にライバルが来ても、残り続けることができるのです。

ナインティナインに負けず、木村拓哉さんにも負けない方法を考える

私はアナウンサー時代、土曜日の夜8時から10時までの時間帯に、『石井貴士のスマイルクルーズ』という中高生向けのラジオ番組を担当していました。

ライバルは、『めちゃ×2イケてるッ！』というナインティナインのテレビ番組です。

当時、長野県における中高生向けの番組は、この時間帯には、『スマイルクルーズ』と『めちゃイケ』の2本だけでした。

「有名人が出ていて、制作費もかけているテレビ番組に、局アナの石井貴士がしゃべりだけで勝て（負けるな）」と言われたわけです。

「そんな無茶な」と思われるかもしれませんが、それでも負けない方法を考えました。

そこで「中高生を勇気づける」というコンセプトの番組にしたのです。

「笑い」ではナインティナインに負けても、「中高生を勇気づけられるのは、石井貴士のほうだ」というポジションを狙ったわけです。

「観て面白い番組」と、「聴いて勇気をもらえる番組」があれば、勇気をもらえる番組を選んでくれる中高生もいるはずです。

ラジオの深夜枠で、夜11時からの番組を担当していたときは、ライバルが福山雅治さんだったり、木村拓哉さんだったりしました。彼らに負けないためにはどうしたらいいかを考え、『石井貴士の 目指せ！ ひらめきリーダー』というタイトルの、お笑い系のネタ番組にしました。

格好いい人に対抗できるのは、面白さしかないと思ったからです。

アナウンサー時代の私にとって、「ナインティナイン、福山雅治さん、木村拓哉さんに負けないために、知恵を絞り出す」のが、ブランディングという作業だったのです。

第5章

無名でもブレイクできる「ブレイクブランディング法」

One-Minute Tips for Branding

One-Minute Tips for Branding

01

一発屋になるのを恐れずに、「一発当てる」ことを目指す

ブレイクというのは、

- **ステップ①　一発当てる**
- **ステップ②　成功を継続させる**

という2ステップで完成します。

「一発屋は良くない」と考える人がいますが、一発屋は、「一発当てた」ということに関しては成功者です。芸人の世界では、一発も当てることなく消えてしまう人もたく

さんいるからです。

ブランドを確立させるには、まずは、「一発当てる」ことを目指します。

そして、当たったあとに、「どうしたら継続できるか」という次のフェーズに移行していきます。

飛行機にたとえると、

・ステップ① 離陸する
・ステップ② 安定して飛ぶ

という2ステップで、飛行機は飛び続けることができます。

離陸するためにはエネルギーが必要ですが、安定して飛ぶためには、気流にうまく乗って、エネルギーをセーブする（力を抜く）ことも大切です。

ブレイクするための方法論と、ブレイクを継続させるための方法論は、まったくの別物なのです。

One Minute

ブレイクするには、「単一のメッセージ」を流し続けることが大切だ

どうすれば、ゼロからスタートして、ブレイクできるのでしょうか。

その答えは、簡単です。

「単一のメッセージ（同じメッセージ）を流し続ければ、いつかはブレイクする」

これが正解です。


ヒットしそうなコンセプトを、ひとつ考え出します。

そして、そのひとつに絞って、すべてのエネルギーを注ぎ込みます。

「それ以外のものは、やらない」という潔さがあれば、いつかはブレイクします。

時間もお金も、たったひとつのことに集中すれば、1年後、2年後、5年後には成功するでしょう。

「夜明け前が一番暗い」と言われますが、「これだ！」と決めたことに関して、苦しくても、同じことをやり続けることが必要です。

私の個人ミッションは「ひとりでも多くの人の人生を変える」というものです。

2002年に決めて以来、一言一句、変えていません。ずっと同じことを言い続けています。

すると、いつか、どこかのタイミングでこのメッセージに触れる人があらわれます。

作家の片山恭一さんが書いた『世界の中心で、愛をさけぶ』（小学館）という作品も、最初はあまり売れませんでした。

しかし、書店に置かれ続けていれば、やがて誰かが手に取り、注目をされることがあります。この本の場合は、女優の柴咲コウさんが手に取って紹介したことがきっかけとなって、300万部の大ベストセラーになりました。

「世界の中心で、愛をさけぶ」という単一のメッセージが、本のタイトルとして発信され続けたことで、大ブレイクが生まれたのです。

One Minute

『佐賀のがばいばあちゃん』のヒットも、単一のメッセージを流し続けた結果である

『佐賀のがばいばあちゃん』（徳間書店）の著者、島田洋七さんは、講演会で「佐賀のおばあちゃん」の話をし続けていました。

この本が出版されたのは1987年です。現在までに400万部を売り上げたベストセラーになっていますが、最初から売れたわけではありません。

1987年の出版当初は、『振り向けば哀《かな》しくもなく』というタイトルだったことは、あまり知られていません。

初版3000部で、自費出版からのスタート。講演会に来ていただいた方に、島田洋七さんが、その場で手売りをするというスタイルでした。

しばらくすると、洋七さんは、「タイトルが悪いから売れないのではないか」と考えるようになり、２００１年に『佐賀のがばいばあちゃん』というタイトルに変えて、２度目の自費出版をしました。

では、タイトルを変えたことで売れるようになったかというと、なんと、また売れなかったのです。

それでも講演会を続け、地道に手売りをしたところ、ようやく出版社の目に留まって、徳間書店から商業出版されることになりました。２００４年のことです。

１９８７年に自費出版としてスタートし、17年かかってブレイクしたことになります。

島田洋七さんが、「がばいばあちゃんの話」という**単一のメッセージを流し続けたことで、大ブレイクが生まれた**のです。

02

ブレイクするかどうかは、「テストマーケティング」でわかる

「ヒットの神様」と呼ばれる伊吹卓先生は、元電通のコピーライターでした。

彼は、「どうすれば、100%の確率でヒット商品が出るのか?」を研究し続けている方です。

彼の結論は、「テストマーケティングをすれば、100%ブレイクする」でした。

商品を開発する場合、「これがいいのではないか」という商品パッケージを3種類決めて、店頭に置いておきます。

たとえば、洗剤であれば、

①青いパッケージ
②緑のパッケージ
③赤いパッケージ

の3種類を店頭に置きます。

すると、どのパッケージの洗剤が一番売れるのかがわかります。

仮に、赤いパッケージが一番売れたことがわかると、今度は、「赤いパッケージの洗剤」に3種類のキャッチコピー（宣伝文句）をつけて、もう一度、テストマーケティングを行います。

①油汚れに効く！
②汚れがみるみる落ちる！

③汚れが落ちて、キレイになる！

「油汚れに効く！」が一番売れたことがわかると、次は、

①油汚れに効く！
②あぶらよごれに効く！
③あぶら汚れに効く！

と、表記のしかたを漢字にしたり、ひらがなに変えてみたりして、テストマーケティングを繰り返します。

そこで、「あぶら汚れに効く！」が一番売れるとわかったら、「『あぶら汚れに効く！』というキャッチコピーのついた『赤いパッケージ』の洗剤」を売り出す。そうすれば、ブレイクする確率は100％になるのです。

One Minute

ブレイクするかわかるテストマーケティングの方法

1 パッケージの色

2 キャッチコピー

油汚れに効く！

汚れがみるみる落ちる！

汚れが落ちて、キレイになる！

3 表記のしかた

油汚れに効く！	あぶらよごれに効く！	あぶら汚れに効く！
漢字	ひらがな	漢字＋ひらがな

テストマーケティングを繰り返すと、ヒット率が上がる！

One Minute

ブレイクするかどうかは、事前のテスト結果で決まる

商品をブレイクさせたいなら、売り出す前に、「テスト（テストマーケティング）」をすることです。商品パッケージも、まず、数店舗でテストをして、どれが売れるかをたしかめれば、ヒット率は高くなります。

多くの人は、いきなりドカンと当てようとして、失敗しています。

そうではなく、**小さくテストをして、確実に当たることをたしかめたうえで、ブレイクさせる**のです。

よしもとのお笑い芸人「8・6秒バズーカー」は、最初に、「一発当てるためにはどうしたらいいか？」という研究をしたといいます。

すると、「武勇伝」でブレイクした「オリエンタルラジオ」や、「あるある探検隊」

でブレイクした「レギュラー」のように、「リズムネタはブレイクしやすい」ことに気がつきました。

そこで、「リズムネタであれば、耳に残りやすい。繰り返しリズムネタをしていれば、いつかはブレイクする。一発屋になるには、リズムネタが一番だ」と結論づけ、リズムネタを作ることに決めました。

その後、彼らが行ったのは、「テスト」です。

「どのリズムネタがウケるのか」を知るために、ライブで、何十種類ものリズムネタを披露。その結果、「ラッスンゴレライ」が、大ウケしたのです。

「よし。ラッスンゴレライで行こう」と決めてからは、単一のメッセージを出し続けました。「ラッスンゴレライ」のネタばかりをずっと繰り返したのです。

すると、ユーチューブで「ラッスンゴレライ」を視聴する人が増え、しだいに、大人気になったというわけです。

8・6秒バズーカーも、リズムネタで一発当てることを決め、テストマーケティングをした結果、ブレイクすることができたのです。

One Minute

「ダンソン」の単一のメッセージでバンビーノも、ブレイクした

お笑いコンビの「バンビーノ」も、8・6秒バズーカーと同じタイミングでブレイクしました。

彼らは、「ユーチューブの視聴回数が上がれば、それだけユーチューブの上位に掲載されるので、ブレイクするはずだ」と考えました。

そこで彼らは、「何を言っているのかわからないフレーズをネタにすれば、視聴者は、何を言っているのか確認するために、ひとりで3回、10回とユーチューブを再生するはずだ」というアイデアを考えたのです。

「ダンソン、ユージャキー、フィージャキージャーザコンサ」(?)のような言葉を連

呼することで、「『ダンソン』はわかったけど、その次の言葉は何を言っているのかわからない」状態を意図的に作り出したのです。

私も「え？　なんて言っているんだろう？」と10回以上ユーチューブを視聴しました。

そのおかげで、ユーチューブの視聴回数は1000万回を超え、大ブレイクを果たしました。

テレビのインタビューで、アナウンサーから「いったい、何と言っているんですか？」と聞かれたときも、彼らは「それだけは言えません。ユーチューブを何度も見ていただきたいので」と答えていました。

バンビーノは、無名の状態から、「ダンソン、ユージャキー、フィージャキージャーザコンサ」（？）という**単一のメッセージを発信し続けたことで、ブレイクを果たした**のです。

One-Minute Tips for Branding

03

「○○の田中さん」と言われるようになると、ブレイクしやすい

単一のメッセージを流し続けると、多くの人の脳内に、「○○のAさん」と**1対1対応のイメージ**ができ上がります。たとえば、お笑いでは、

「そんなの関係ねえ！」の小島よしおさん。

「グー！」のエド・はるみさん。

「エロ詩吟」の天津木村さん。

「ラッスンゴレライ」の8・6秒バズーカー。

「ダンソン」のバンビーノ。

「あるある探検隊」のレギュラー。

このように、視聴者の脳内で、1対1対応のポジショニングが確立されると、ブレイクします。作家では、

『佐賀のがばいばあちゃん』の島田洋七さん。

『五体不満足』の乙武洋匡さん。

『サラダ記念日』の俵万智さん。

『ちびまる子ちゃん』のさくらももこさん。

『火花』の又吉直樹さん。

というように、ブランドのある作家は、読者の脳内で、1対1対応の脳内ポジショニングが確立されています。

現代人は、常に多すぎる情報にさらされています。1対1対応のイメージを作っておかないと、あなたのことを覚えてもらうことも、印象づけることも難しくなります。

したがって、「○○の田中さん」「○○の山本さん」と言われるようになるまで、単一のメッセージを流し続けることが必要なのです。

04 ブレイクするには、「一点突破、全面展開」で考える

ブレイクするには、「一点突破、全面展開」で考える必要があります。「一点突破、全面展開」とは、**「ひとつに絞って一発当てたあとで、シリーズ化する」**ということです。

まず、ひとつのことに絞ってブレイクをします。

そのあとに、シリーズ化をして、全面展開を図ります。

こうすることで、ブレイクの確率が高まります。

私は『オキテ破りの就職活動』（実業之日本社）という本で、2003年11月にデビューしました。

初版7000部で、ネット書店のアマゾンでは、就職本にもかかわらず、総合ランキング1位を獲得し、重版も決まりました。

無名の新人の処女作としては、大健闘だったと言えます。


とはいえ、大ブレイクだったのかというと、そうとは言えません。就職本は「売れても10万部」の世界でしたから、そもそも市場が小さかったのです。

そこで、「もっと大きな市場で勝負をしよう」と決め、ビジネス書のジャンルに乗り出しました。

今度は、『何もしないで月50万円！ 幸せにプチリタイヤする方法』（ゴマブックス）という本を、2004年4月に、2作目として出版しました。

すると、たちまち3万部のベストセラーになりました。

ここですかさず「シリーズ展開」をして、「プチリタイヤシリーズ」は、8冊で、累計10万部になりました。ですが、「累計10万部」でも、大ブレイクとは言えません。

そこで次に出した本が、『本当に頭がよくなる1分間勉強法』（KADOKAWA／中経出版）でした。

2008年8月に発売されたこの本は、たちまち50万部を超えるベストセラーになり、2009年度には「年間ベストセラー1位」になりました（ビジネス書　日販調べ）。

その後、私はシリーズ展開を図り、『1分間英単語』『1分間英熟語』（いずれも、KADOKAWA／中経出版）を出版しました。

現在「1分間シリーズ」は「40冊以上、累計で150万部」になっています。

まさに、一点突破、全面展開を具現化することに成功したのです。

One Minute

ひとつに絞って一発当て、そのあとシリーズ化する

ステップ1 一発当てる

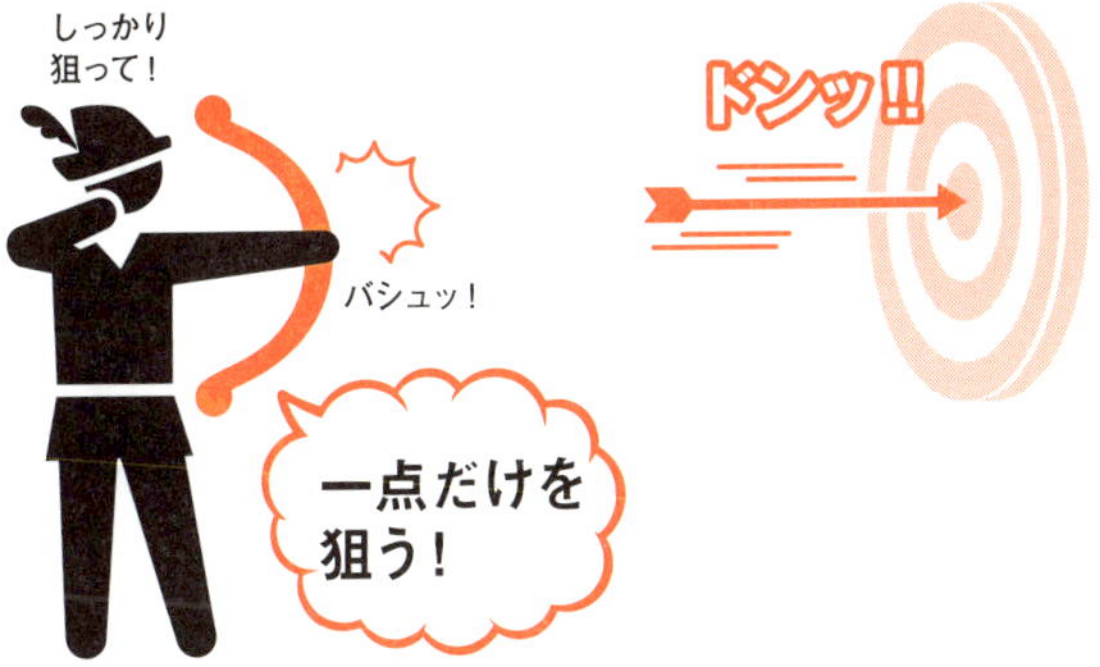

ステップ2 シリーズ化する

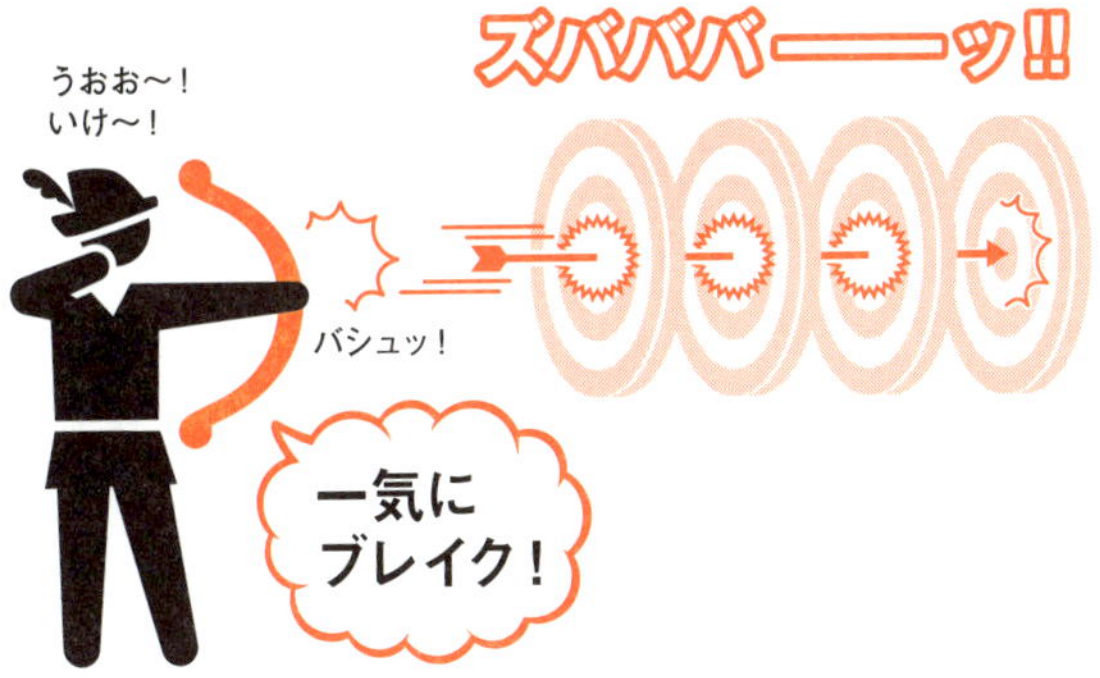

One-Minute Tips for Branding

05 ブレイクが落ち着くまではほかのことをしてはいけない

ブレイクしたあとに大切なことは、

「ブレイクしたあとに、ほかのことをしない」

ということです。

アップルも、初代「iPhone」がブレイクした直後、しばらくは、次の商品を出していません。初代「iPhone」の売れ行きが落ち着いて、「そろそろ下降線をたどるな」と思った時期を見計らい、「iPhone 3G」を登場させています。

そして今度は、「iPhone 3G」のブレイクが終わりそうなときに、「iPhone 3GS」を出すことによって、利益を最大化させています。

もし、「iPhone 3G」発売1ヵ月後に「iPhone 3GS」を発売したら、どうなるでしょうか。ユーザーは「iPhone 3GS」に流れてしまい、「iPhone 3G」は、「商品としてはまだ新しい」「まだ、ブレイクが終わっていない」のに、売れなくなってしまう可能性があります。

そのため、アップルでは、次の製品が出るタイミングをギリギリまで秘密にするという戦略を取ることで、売り上げを最大化しています。

短期間ですぐに新商品をリリースすると、お客様は、「最新のものを一番売りたいんだな」「力を入れているのは最新のものだな」と思ってしまうものです。ですから、**ブレイク時期が終わっていないのに、新しいことをしてはいけません。**

お笑いでも、ひとつのギャグが流行したら、あきられるまで、同じギャグを続けます。行けるところまで行って、**衰退期に入ったところで、シリーズ展開に移行する**と、ブレイクは継続するのです。

One Minute

ブレイク直後の誘惑に勝てないと、ブレイク状態は続かない

ブレイクした直後は、自分に自信が持てるため、「これなら、以前からやりたいと思っていた、ほかのこともできるぞ」と思ってしまいます。

知らず知らずのうちに、自我肥大《じがひだい》が起きるわけです。

ブレイクしたことで「俺はすごい」と、どこかで思ってしまうのです。

私自身、「プチリタイヤシリーズ」がヒットしたあとに、「シリーズ以外のタイトルの本も出したい」と思って、何冊か、プチリタイヤと関係ない本を出してしまいまし

た。

　恋愛本まで出してしまったくらいです。

　そのことで、「この著者は、プチリタイヤ以外のことに興味が移ってしまったんだな」と多くの読者から思われてしまい、「プチリタイヤシリーズ」の売れ行きが先細りになってしまいました。

　そればかりか、ほかのタイトルの本も売れなくなりました。

　そこで、反省を踏まえて、「次にヒット作を出したら、次こそは、シリーズもの以外の本は当分出版しないぞ」と固く決めました。

『1分間勉強法』がヒットすると、ありがたいことに、多くの出版社から、「ほかの作品も出していただけませんか？」という依頼をいただきました。

　作家志望で、なかなか本が出せないことで悩んでいた時代があったくらいですから、飛びつきたい気持ちでいっぱいでした。

　ですが、関係ない作品を出しすぎて失敗した経験があったので、泣く泣く、お断りしました。

結局、「1分間シリーズ」以外の本を出版したのは、2010年になってからです。2010年11月30日に、『勉強のススメ』（サンマーク出版）を出版しました。2008年8月に『1分間勉強法』を出版して、2年3ヵ月も、我慢したことになります。現在は、年間12冊ペースで出版している私が、2年3ヵ月も、執筆意欲を抑えて、シリーズ以外の著作を出さなかったのです。

ブレイクした直後は、シリーズ以外は世に送り出さない。

ブレイクを継続させるためには、この考えを忘れてはいけません。

ブレイクした直後は、いろいろなことがやりたくてたまらなくなっています。

その気持ちを**「ブレイクが一段落するまで抑えることができる人」が、長期的に成功します**。

「1分間シリーズ」が、息も長く、150万部というシリーズになることができたのは、ブレイクした直後に、2年3ヵ月、我慢したからなのです。

第6章

長期的な成功を築くための「ブランディング法」

One-Minute Tips for Branding

01

One-Minute Tips for Branding

どうすれば、ヒットを連続させることができるのか？

「ブレイクしたいなあ」と考えている人は多いです。

前述したように、ブレイクするためには、**「単一のメッセージを流し続ける」のが必勝法**です。

単一のメッセージを流し続けていれば、今日は気づいてもらえなくても、1年後、2年後、10年後に気づいてもらえるかもしれません。

『火花』（文藝春秋）の又吉直樹さんも、無名時代から「太宰ナイト」というライブを開催していて、「小説が好きだ」と言い続けてきました。そして、芸人デビューから10

One Minute

年以上経過したのち、芥川賞作家になることができました。

単一のメッセージを流し続けていれば、いつか、有名人があなたのことを話題にするかもしれませんし、突然、ヤフーニュースに紹介されるなどして、ブレイクするかもしれません。

「そこまで頑張っているなら」と、誰かがあなたを引き立ててくれるかもしれません。


ですが、ヒットを「継続」させるのは、難しいことです。

プロ野球のホームランバッターでも、2打席連続ホームランは難しいわけです。ベストセラー作家でも、2作連続して大ベストセラーを出すことは、困難です。

漫画家の鳥山明さんほどの天才でも、『ドラゴンボール』以上の作品を、連続して出してくれと言われたら、難しいでしょう。

ヒットを一発出すのは、単一のメッセージを流し続ければいいので、（時間はかかるかもしれませんが）簡単です。

難しいのは、ヒットを連続させせることことなのです。

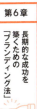

One Minute

ヒットを連続させるための必勝法が、「シリーズ化」だ

『ドラゴンボール』の次に、ドラゴンボール以上の作品を生み出すのは鳥山明先生でも大変なはずです。

しかし、『ドラゴンボール』の次に、『ドラゴンボールZ』『ドラゴンボールGT』を作るのであれば、それほど難しいことではありません（いずれも、アニメ『ドラゴンボール』のシリーズ）。『ドラゴンボール』をベースにストーリーを発展させることができるからです。

一度ブレイクしたら、シリーズ化することで、ブレイク状態を継続させることができます。

ホームランを狙うよりも、フォアボールで塁を満塁にし続けて、押し出しを狙っていくようなイメージです。

一度ブレイクしたということは、ブレイクしたものに対して、お客様がついているということです。

だとすれば、その**お客様に対して、関連商品を買っていただく**ほうが得策です。

コピー機を販売したあとに、「もうひとつコピー機はいかがですか？」とセールスをしても、なかなか売れません。「もう持っているよ！」と言われてしまうだけです。

それならば、トナー（専用のインク）や、コピー用紙といった関連商品を売ったほうが、確実に売り上げが見込めます。

コピー機のリースを商売にしている会社のビジネスモデルは、

- ステップ① コピー機のリース料を毎月いただく
- ステップ② インクがなくなったら、トナーを売る

という2ステップです。

コピー機をすでにお持ちのお客様に、「もう1台コピー機を売る（リースする）」よりも、関連商品を売るほうがお客様からも喜んでいただけるのです。

02

One-Minute Tips for Branding

シリーズ化をすれば、「逆の時系列のウェーブ」が作れる

シリーズ化は、「1作目を見た人が2作目を見て、2作目を見た人が3作目を見る」という順番（時系列）だけではありません。

『5作目を見て面白かったから、1作目から見てみたい』とか、『12作目が面白かったから、3作目も見てみたい』という、**「逆の時系列」でもウェーブが生まれるチャンス**があります。たとえば、映画『踊る大捜査線』は、逆の時系列でヒットした作品であると、私は考えています。

『踊る大捜査線 THE MOVIE』（1998年公開）は、興行収入101億円。観客動

員数は700万人。『踊る大捜査線 THE MOVIE 2 レインボーブリッジを封鎖せよ!』(2003年公開)は、興行収入173・5億円。観客動員数は1250万人です。

「1」よりも「2」のほうが、550万人も多くの人が観ています。見方を変えると、1250万人中550万人は、「2」しか観ていないということになります。

結果として、「2」を観て面白いと思った人は、後日、DVDで「1」を観ることになり、DVDの売り上げが上がります。「1998年の映画」が、その5年後の2003年に、莫大な収入を生んでいるわけです。

「逆の時系列を作れる」ことが、シリーズ化の大きなメリットなのです。

シリーズ化によって、多くの人の関心を集めることができる

「1分間シリーズ」は、おかげさまで150万部のシリーズになっています。

読者の中には、「『1分間英単語』を買って、『1分間勉強法』という本の存在を初め

て知りました」という方が数多くいらっしゃいます。

最初は、誰しもあなたに興味はありません。ですが、シリーズ化をすれば、「興味があるタイトルをきっかけにして、あなたを知る」ということが期待できます。

『1分間シリーズ』では、『1分間文章術』（KADOKAWA／中経出版）、『1分間アイデア法』（SBクリエイティブ）というタイトルの本もあります。

文章がうまくなりたいと思っていた人が、『1分間文章術』を読んだことで、ほかの「1分間シリーズ」を読みたくなるかもしれません。

「アイデアがほしい」と思っていた人が、『1分間アイデア法』を読んだことで、ほかの「1分間シリーズ」を知りたくなる可能性もあります。

シリーズ展開していれば、読者に「別の本も読んでみたい」と思わせることもできるのです。

『1分間勉強法』は、『1分間日本史』『1分間世界史』『1分間古文単語』『1分間古典文法』『1分間数学Ⅰ・A』（いずれも水王舎）というように、参考書としてもシ

One Minute

シリーズ化で「逆の時系列のウェーブ」を作る

リーズ化されています。すると、

「『1分間日本史』で日本史の成績が上がったから、『1分間古文単語』をやろう」

「『1分間英単語』で英単語を覚えられたから、『1分間数学』もやってみよう」

という人があらわれます。

参考書を読んだことで、参考書以外の「1分間シリーズ」を読んでみようという人も、出てきます。

シリーズ化は、ヒットを継続させる上で、必勝法中の必勝法なのです。

シリーズ化すれば、一気に展開できる

『地球の歩き方』(ダイヤモンド・ビッグ社)は、「一点突破、全面展開」が大成功している例です。

『地球の歩き方　シンガポール』『地球の歩き方　ベトナム』など、国の数だけ、シリ

ーズを広げられます。さらには、『地球の歩き方　ソウル』『地球の歩き方　バンコク』と、都市名でもシリーズができます。

もっとすごいのは、ダイヤモンド・ビッグ社には『地球の歩き方』の特設サイトがあることです。

そこでは「5万円パック旅行」が販売されていたり、海外旅行の予約ができたりと、旅行代理店業務にまで、展開が広がっています。さらに、旅行用のスーツケースなどを販売したり、海外旅行の傷害保険も扱っています。

『地球の歩き方』の本を読んで、「ここに行ってみたい」と思ったときに、「ツアーがありますよ」と言われたら、ツアーに参加したくなるはずです。

『地球の歩き方』というシリーズは、国の数だけ、都市の数だけ書籍が展開できるというだけではありません。旅行業務全般にまで展開を広げることもできる「最強のシリーズ」だったのです。

One-Minute Tips for Branding

03 「シリーズ化」を前提にアイデアを考える

「プチリタイヤシリーズ」は、ブレイクしてからシリーズを考えました。

そのため、「プチリタイヤするための手帳術」「プチリタイヤ・アファーメーションカード」といった、プチリタイヤにダイレクトに関連するシリーズしか出すことができませんでした。

その経験を踏まえ、「逆算して、ブレイクするシリーズを作ろう」と思ったのが、「1分間シリーズ」です。つまり、**最初からシリーズ化することを念頭に置いて、シリーズ化しやすいコンテンツを作ろう**と思ったわけです。

『1分間勉強法』がヒットしたら、『1分間英単語』、『1分間英熟語』といった、参考書へのシリーズ展開ができるな。『1分間勉強法』がヒットしたら、『1分間○○』というビジネス書のシリーズもできるな」と、最初からシリーズ化することを考えながら、私は、『1分間勉強法』を書きました。

「またまた、そんなことを言って、あと付けなのでは？　ブレイクしたあとに考えたのでは？」と疑う方もいるかもしれません。

「プチリタイヤシリーズ」では、あとから（1作ヒットしてから）シリーズを考えて苦労したので、「今度こそ、逆算してシリーズを作ろう」と思ったのが、「1分間シリーズ」だったというのが、本当のところです。

一度、シリーズが尻すぼみになることを経験したので、今度は「無限の展開」ができるように逆算して考えたのが、「1分間シリーズ」だったのです。

One Minute

一度ブレイクしてしまえば、スピンオフ企画もできる

映画がブレイクすると、スピンオフ作品を作ることができます。

『踊る大捜査線』が人気になったあとは、『交渉人　真下正義』『容疑者　室井慎次』といった作品が公開されました。

『デスノート』でも、主人公の夜神月《やがみらいと》のライバルであるL（エル）にフォーカスした『L change the World』という映画が生まれました。

『ちびまる子ちゃん』でも、ちびまる子ちゃんの友達である永沢君を主人公にした『永沢君』という作品もあります。

漫画『キン肉マン』からも、『闘将!!　拉麵男（たたかえ!!　ラーメンマン）』という、ラーメンマンを主人公にした作品ができています。

『交渉人　真下正義』や、『容疑者　室井慎次』を観て「面白い」と思った人が、『踊る大捜査線』を観る場合もありますから、スピンオフ作品を作ると、ブレイク状態を長期的に続けることができます。

「シリーズ化＋スピンオフ作品」があれば、ブレイク状態はさらに継続できるのです。

04

短期的には、コンセプトを重視 長期的には、個人名を重視

短期的には、コンセプト名を重視したほうが、ブレイクしやすくなります。

どういうことかというと、

「石井貴士をブレイクさせるよりも、『プチリタイヤシリーズ』や、『1分間シリーズ』というコンセプト名を押し出したほうが、早くブレイクできる」

ということです。

「ラッスンゴレライ」は知っていても、8・6秒バズーカーというコンビ名は知らな

い。

「ラッスンゴレライ」は聞いたことがあるけれども、誰のネタか知らないという状態を作ります。

最初にネタを前面に押し出して、**個人は引っ込むほうが、口コミのスピードは上がります**。


歌手であれば、歌手名よりも先に、「歌」をブレイクさせます。

芸人であれば、「ネタ」や「キャラクター」を先にブレイクさせて、芸人の名前を知ってもらうのは、そのあとでもかまいません。「ピコ太郎」は知っているが、「古坂大魔王」は知られなくてもいいわけです。

多くの人は、「ブレイクしたい」「ブランドを作りたい」と思ったとき、自分の名前を知ってもらおうと考えます。


ですが、順番が逆です。

あなたが作家であれば、まずは「本」をブレイクさせるべきであり、あなたがビジネスマンならば、ビジネスをブレイクさせるのが、先決なのです。

One Minute

コンセプト名をブレイクさせたあとは、個人名を重視する

コンセプト名をブレイクさせたあとに、個人名をブレイクさせていきます。

ソニーは、「トランジスタラジオ」でブレイクしましたが、ブレイク当初は、ソニーの創業者が誰なのか、ほとんどの人が知らなかったと思います。

商品がブレイクしたあとに、ソニーという会社名が知られ、「盛田昭夫さんと井深大さんが創業者である」ことが、世間に広まりました。

松下電器も同じです。

松下電器がブレイクしたあとに、松下幸之助さんが知られるようになりました。

経営者の中には、まだ、商品や会社が知られていないにもかかわらず、「自分が表に出れば、ブランドが作れる」と考えて、メディアに出たがる人がいます。

「順番が逆」です。

ブレイクするサービス（商品）が生まれれば、自然と取材依頼が来て、テレビに出られるようになる。この順番が正しいのです。

芸人も歌手も作家も、最初は作品がブレイクします。

その後、本人がブレイクすることで、成功が長期化します。

歌手の場合、視聴者はひとつの曲（ヒット曲）を聴いたあとに、「ほかにはどんな曲を出しているんだろう」と興味を持って、ほかの曲を聴くようになります。

芸人さんの場合、面白いネタでブレイクすると、視聴者は、「この芸人さんは、面白い。ほかにどんなネタがあるのだろう」と興味を示し、ユーチューブを視聴したり、単独ライブに足を運ぶようになります。

作家も同じです。

まずは、ひとつの作品をきっかけに興味を持ってもらい、その後、「この著者が書く本は面白い」と思ってもらえると、長期的なファンになるわけです。

コンセプト名を先に売り、その次に個人名を売ることで、成功はさらに長期化していくのです。

One Minute

個人名よりも、まずはコンセプト名をブレイクさせる

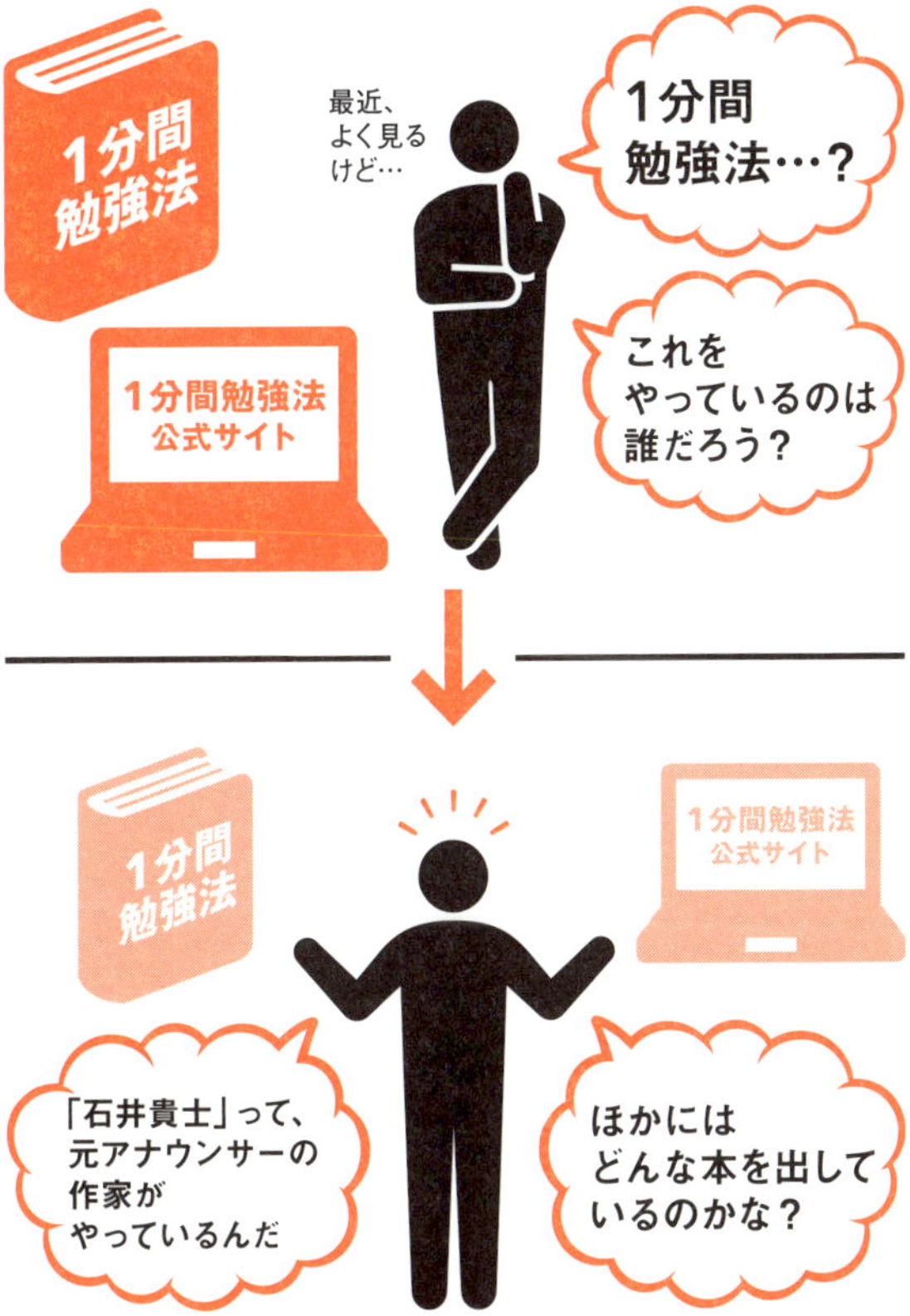

コンセプト名 ➡ 個人名の順でブレイクさせると、成功が長期化する

One-Minute Tips for Branding

05

アピールポイントは、コンセプト⬇シリーズ化⬇個人名の順番で変える

まず、「単一のコンセプト」が売れないと、ブレイクできません。

単一のメッセージ（コンセプト）を流し続ければ、時間がかかったとしても、ブレイクすることができます。

そのあとは、作品をシリーズ化していきます。

シリーズ化によって、数年後、数十年後のファンも獲得できるようになりますので、時間を味方につけることができます。

そして最後に、あなたの個人名を有名にしていきます。

私がまず『1分間勉強法』をヒットさせるためにしたことは、「個人名をなるべく隠す」ということでした。

2008年8月の出版と同時に、「1分間勉強法公式サイト」は作りましたが、「石井貴士公式サイト」は作りませんでした。

コンセプトをヒットさせるために、個人名を隠す必要があったからです。

『1分間勉強法』がブレイクして、シリーズ化も一段落した2012年4月になってやっと、「石井貴士公式サイト」をスタートさせました。

3年半の間、自分自身を隠すことで、「1分間シリーズ」をメインにアピールをしたわけです。

2015年になって、「よしもとクリエイティブ・エージェンシー」の文化人枠に所属することになりました。

「コンセプト→シリーズ化→個人名」の順番を考えれば、今度は、石井貴士自身の個人名をアピールしなければいけないステージに来たと考えたからなのです。

One Minute

名前だけでモノが売れるのが、ブランディングの完成形だ

ブランディングの最終形は、「名前を見ただけで、品質がたしかである」と思われることです。

尾崎豊、小田和正、矢沢永吉といった名前を見たら、「あぁ、こういう曲（こういう歌手）なんだろうな」とイメージできます。

村上春樹、池井戸潤、松本清張という名前を見ただけで、「きっと素晴らしい作品なんだな」と思われます。

「明石家さんまの○○」という番組があったら、「面白い番組に違いない」と誰もが疑いなく感じるはずです。

エルメスもグッチも、シャネルもプラダも、名前だけで「いかがわしいものは売っていないな。しっかりしたものしか売っていないはずだ」と思われています。

以前、『春夏秋冬コンサート』というテレビ番組を観ました。

都はるみ、伍代夏子、八代亜紀、坂本冬美という、名前の中に、「春・夏・秋・冬」を持つ女性演歌歌手だけが歌うという番組でした。

私は思わず、「素晴らしいコンセプトだ！」と唸《うな》ってしまいました。

4人の名前を見ただけで、「絶対にいい曲しか流れない、安心して聞いていられる番組」だと伝わります。

「どんな曲を歌うのか」曲名は知らされていなくとも、個人名（出演する歌手名）だけでその番組を観たくなるのですから、ブランディングの観点で考えても、素晴らしい番組名です。

「コンセプト→シリーズ化→個人名」の順番でヒットさせることで、あなたのブランディングは完成します。あなたの名前だけで素晴らしいと思ってもらえるのが、あなたの最終ゴールなのです。

第7章

ブランド人の第一歩を踏み出すための「名刺作成術」

One-Minute Tips for Branding

01

ブランド作りの第一歩は、「名刺」を手に入れること

ブランドを作るための最初の一歩は、「名刺を手に入れること」です。

「え？　名刺を手に入れるって、どういうこと？」と思った方もいるかもしれません。

「名刺を手に入れる」とは、あなたが理想とする（あなたが、真似したいと思っている）ブランドの名刺を手に入れることです。

そして、その名刺を参考にしながら、自分の名刺を作っていきます。

具体的に言えば、

・ステップ①　あなたが理想とするブランドの名刺を手に入れる

・ステップ② その名刺のデザインを参考にして、名前、ロゴマーク、住所、電話番号、メールアドレスを入れる位置を考える

・ステップ③ 名刺作成会社に依頼して、名刺を作ってもらう

デザインの経験がない人でも、「理想とするブランドの名刺を手に入れて、お手本にする」のであれば、難しいことではありません。

「エルメスのようなブランドを作るのが夢です」という場合は、エルメスのショップに行って、店員さんに「名刺をください」と言えば、もらえるでしょう。

One Minute

自分がブランド人だと思う人の名刺を手に入れよう

私がアナウンサーを辞め、まだ1冊も本を書いていないときに、作家の中谷彰宏先生に、名刺交換をお願いしに行きました。

中谷先生のような作家になるのが夢だったので、中谷先生の名刺をベースに、自分

の名刺を作ろうと思ったからです。

私がはじめにしたことは、中谷先生の名刺を「真似する」ことです。

中谷先生の名刺が横書きだったので、私の名刺も横書きにすることを決めました。

石井貴士と中谷彰宏は、偶然にも同じ、4文字でした。

名刺をコピーして、中の上に「石」、谷の上に「井」、彰の上に「貴」、宏の上に「士」と書いて、貼りました。

すると、住所が、中谷先生は南青山で、私は新宿であるという違いが見つかりましたので、郵便番号も住所も、自分のものを貼りつけました。

「(株)中谷彰宏事務所」とあったので、上から「(有)ココロ・シンデレラ」と貼りつけました。

違いは、ロゴマークだけでしたので、自分のロゴマークを同じ大きさで、同じところに貼りつけました。

暫定的ではありますが、これでブランド名刺の完成です。

ですが、このまま印刷をすると、デザインの著作権を侵害する恐れがあります。

そこで、この暫定的な名刺をベースにアレンジを加え、デザインを完成させました。

「名刺」は、そのブランドのイメージが凝縮されて表現されているものなので、いい加減に作ってはいけません。

ブランド人になりたければ、ブランド人だと思う人の名刺をもらって、その名刺のデザインを参考にしながら、名刺を作ればいいわけです。

名刺を作ることが、ブランド人になるための第一歩なのです。

02 2つ折りや、チラシつきの名刺は作らない

よく、「2つ折り」になっていて、自分のビジネスを宣伝する「PRチラシ」のような名刺があります。

2つ折りどころか、4つ折りになっていて、会社の実績や、売りたい商品が書かれている名刺もあります。

自分のビジネスをPRしたいという強い思いから、名刺とチラシをひとつのものにしているわけです。

ですが、私は、**名刺を使って商品をPRするのは得策ではない**と考えています。

名刺は、チラシではありません。

チラシを渡したければ、別にチラシを作って、それを相手に渡せばいいのであって、名刺とチラシを一緒にするのはよくありません。

なぜ、一緒にしてはいけないかというと、「ブランドは、自ら売り込みをしない」からです。

「売り込みをしてくるブランドは、ブランドではない」と私は考えています。

自分から売り込むのではなく、お客様から「買いたい」と言っていただけるのが、本物のブランドです。

営業をしなくても、お客様のほうからやって来るのがブランドなのですから、チラシの要素は、なるべく削ったほうがいいはずです。商品の売り込みはチラシの役目であって、名刺の役目ではありません。

連絡先として、メールアドレス、ホームページアドレスが小さく表に掲載されてあり、裏面にLINEアカウントやブログのQRコードがあるくらいがベストなのです。

名刺の研究こそ、ブランドの研究になる

ブランドを研究するには、ブランドの名刺を集めるのが、もっとも効率的で、効果的です。**名刺には、そのブランドのエッセンスが凝縮されている**からです。

好きなブランドショップがあれば、そのブランドショップの名刺を必ず手に入れておきましょう。

「将来は、このような人になりたい」という憧れのブランド人がいるのであれば、なんとかして、その人の名刺を手に入れましょう。

私はこれまで、たくさんの方と名刺交換をしましたが、「自分のブランドが確立されている人」の中に、2つ折り名刺を使っている人は、ひとりもいませんでした。

ブランド人であればあるほど、シンプルな名刺でした。

以前、小沢一郎先生の名刺をいただいたのですが、表面に書いてあったのは、

「衆議院議員　小沢一郎」

だけでした。

「国会議員で、当選回数が多く、実績のある先生は、名刺に自分の名前しか書いていないらしい」という噂を聞いていたのですが、本当でした。

当選1回の国会議員や、新人の市議会議員の方と名刺交換をしたこともありますが、いただいた名刺の裏面には、「私の政策はこれです。私の政治信条は次の5つです」など、さまざまな内容が書かれていました。

なかには、4つ折りになって、実現したい政策で1枚、生い立ちで1枚、過去の実績で1枚といった、選挙チラシのような名刺を持っている議員もいました。

「ブランド名刺」は、シンプル・イズ・ベストです。「ブランドは、売り込みをしない」ことが前提です。決してチラシのような名刺を作ってはいけないのです。

03

One-Minute Tips for Branding

名刺に「ロゴマーク」を入れるとブランドのエッセンスを視覚化できる

ブランドに必要なもの。それは、「ロゴマーク」です。ロゴマークとは、ブランドのイメージを印象づけるための図案（アイコン）のことです。

「スターバックスコーヒーのロゴマークは？」と言われたら、多くの人は、「たしか、こういうマークだったな」と、頭に浮かぶはずです。

「ロゴマークが存在すること」と、「ブランドが存在すること」は、イコールです。

「ブランドを作る」ということは、「ロゴマークを作る」ということなのです。

では、あなたにお聞きします。あなたにロゴマークはありますか？

たいていの方は、「自分自身のロゴマークはない」と答えます。自分のロゴマークがない人が、自分のブランドを確立できるわけがありません。

もちろん、最初は、暫定的なロゴマークでもかまいません。

スターバックスコーヒーのロゴマークも、何度も変わっているのですから、あなたのロゴマークも、いずれ違うデザインになるかもしれません。それでもいいので、とりあえず、ロゴマークを考えてみましょう。

ロゴマークがないとブランドとは言えません。**ロゴマークがないということは、お客様が目指す目的地が存在しないということ**です。

ブランドを作るための最初の一歩は名刺を作ることですが、その前に、ロゴマークを作っておかないと、名刺に印刷できないことになります。

ですから、「ブランドを確立させたい」のなら、名刺の印刷をするよりも前に、さらに言えば、**会社を作るよりも前に、ロゴマークを考えておく**必要があるのです。

会社を作るよりも前に、ロゴマークを作る

私は、会社の名前を決めたときにロゴマークを作ったので、会社の法人登記よりもロゴマークの方が早かったことになります。

「ココロ・シンデレラ」という社名だったので、ココロを示すハートマーク。シンデレラなので、カボチャの馬車にしようと思いました。

生まれ変わったあとは、飛び立っていく必要があるので「羽」もほしいと思いました。そこで、カボチャの馬車の中にハートがあり、左右に羽があるというロゴマークができ上がりました。

今、あなたに何も実績がないとしても、ロゴマークを決めておきましょう。

ロゴマークを作った時点で、あなたは、「ブランドを作っていく強い覚悟」を持つことができるのです。

One Minute

「ココロ・シンデレラ」のロゴマーク

創業時からのロゴ

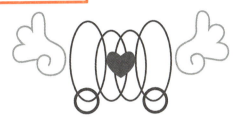

最近作成したデラックスバージョン

Kokoro Cinderella

ISHII TAKASHI

実績がない時代から、ロゴマークは作っておく

おわりに

ブランディングの最終形は「個人名」で検索されることだ

ブランディングの最終形は、**「あなたの個人名が有名になる」**ことです。そうなれば、あなたの個人名が、検索サイトの検索窓に入れられる（入力される）ようになります。

「尾崎豊の曲が知りたいなぁ」と思ったら、「尾崎豊」というキーワードを入れます。村上春樹さんの本はないかなあと思ったら、「村上春樹」で検索します。

曲名でも作品名でもなく、あなた自身（あなたの個人名）がブランドになるのです。

そのときに、「石井貴士公式サイト」といった、**個人名での公式サイトがあると、多**

くの人が訪れやすくなります。公式サイトを通して、あなたとファンの間に、長期的な関係性が生まれるわけです。

前述したように、2008年8月以降、私は「1分間勉強法公式サイト」という、本のコンセプトに関するホームページしか、表に出さないようにしていました。「1分間勉強法」というコンセプトに集中し、著者である自分は引っ込んでいたほうが、「1分間勉強法シリーズ」がヒットすると考えたからです。

そんな私が「石井貴士公式サイト」を作ったのは、3年半後の2012年4月のことです。個人名で発信するタイミングが、やっと来たと考えたのです。

One Minute

いきなりブログをはじめるのではなく、コンセプトを先に考える

多くの人は、いきなりブログを開設して、「自分の意見」を発信しようとしています。

つまり、いきなり「個人名」をアピールしようとしているのです。

ですが、これでは、ブレイクすることはできません。

ブレイクするためには、「自分の意見」よりも、自分がブレイクさせたいコンセプトについてのみ、発信しましょう。

誰ひとり見ていなくても、何年でも、「単一のメッセージ」を流し続けましょう。

そして、ブレイクしたあとに、シリーズ化を図るのです。

シリーズ化がある程度完成したあとになって、ようやく個人名をアピールするタイミングがやって来ます。


「個人名→コンセプト」の順番では、ブレイクすることも、ブランドを作ることも、人気を継続することも、困難です。

『ドラゴンボール』をヒットさせるよりも前に、鳥山明という個人名をヒットさせようとするのは至難の業だと考えて下さい。

「コンセプト⬇シリーズ化⬇個人名」の順が、もっともブレイクしやすい順番です。

にもかかわらず、どれだけ多くの人が、ブログやフェイスブックで、自分の意見を発信しようとしていることでしょうか。

「1分間ブランディング」は、コンセプトを作り、単一のメッセージを流し続けることからスタートするのです。

石井貴士

石井貴士（いしい たかし）

1973年愛知県名古屋市生まれ。東京都町田市立つくし野中学校卒。私立海城高校卒。高校２年のときに、「１秒で見て、繰り返し復習すること」こそ、勉強の必勝法だと悟る。そして「１単語１秒」で記憶するためのノートを自作して、わずか３ヵ月で、英語の偏差値を30台から70台へと上昇させることに成功。

代々木ゼミナール模試全国１位、Ｚ会慶應義塾大学模試全国１位を獲得し、慶應義塾大学経済学部に合格。

大学入学後は、ほとんど人と話したことのないという状態から、テレビ局・信越放送のアナウンサーに合格。その後退職し、2003年に㈱ココロ・シンデレラを起業。『本当に頭がよくなる１分間勉強法』（中経出版）が57万部を突破し、年間ベストセラー１位（2009年 ビジネス書 日販調べ）を獲得するなど、多くの人に、その勉強法が支持されている。現在、著作の合計が200万部を突破するベストセラー作家となっている。

勝てる場所を見つけ勝ち続ける
１分間ブランディング

2017年３月25日　初版発行

著者　石井貴士

発行人　内田久喜
編集人　松野浩之

装丁　重原 隆
本文デザイン・DTP　斎藤 充（クロロス）
編集協力　藤吉 豊（クロロス）
編集　森山裕之（スタンド・ブックス）、新井 治

発行　ヨシモトブックス
〒160-0022 東京都新宿区新宿5-18-21
電話 03-3209-8291

発売　株式会社ワニブックス
〒150-8482 東京都渋谷区恵比寿4-4-9 えびす大黒ビル
電話 03-5449-2711

印刷・製本　シナノ書籍印刷株式会社

ISBN978-4-8470-9551-1